Eindrü … icke

Ein Pro… …tufe
Deutsch als Fremdsprache

Textbuch

von

Karl-Heinz Drochner
und Dieter Föhr

LANGENSCHEIDT
BERLIN · MÜNCHEN · WIEN · ZÜRICH · NEW YORK

Das Programm „Eindrücke – Einblicke“ besteht aus:

Textbuch	Best.-Nr. 49785
Arbeitsbuch	49786
Cassette: Hörtexte und Diktate	84765
Hörtextheft: Hörtexte und Diktate	49787

Titelfotos: Süddeutscher Verlag/Manfred Vollmer, Karlheinz Egginger, Dieter Hinrichs, Wolfgang Wiere

Druck: 5. 4. 3. | Letzte Zahlen
Jahr: 89 88 87 86 | maßgeblich

Druck: Druckhaus Langenscheidt, Berlin
Printed in Germany · ISBN 3-468-49785-7

Vorwort

Wer eine fremde Sprache erlernt, wird sich mehr oder weniger bewußt auch mit der Realität der Menschen auseinandersetzen, die in diesem Sprachraum leben. Dieser Leitgedanke hat bei der didaktischen Konzeption und der Auswahl des Materials eine wichtige Rolle gespielt. Die *Themenauswahl* orientierte sich an vorauszusetzenden primären Interessen der Lernenden, an solchen, die sie in hohem Maße betreffen: Wie sind die ersten Reaktionen auf ein anderes Land, wie wohnt und ißt man dort, wie gestalten sich soziale Beziehungen, wie sind die Verhältnisse in der Schule und an der Universität, wie ist die Welt der Arbeit organisiert, wie verbringt man Urlaub und Freizeit? Ein Ausblick auf Verhaltensweisen der jungen Generation soll auf mögliche kommende Entwicklungen hinweisen. Damit sind die meisten der auf dieser Stufe relevanten Handlungsräume für sprachliches Agieren abgedeckt.

Zu den hier ausgewählten Themen werden stark voneinander abweichende Ansichten angeboten. In der Brechung der Meinungen über ein angesprochenes Problem spiegelt sich seine Komplexität. So schien es naheliegend, nicht nur deutsche Autoren mit kontroversen Standpunkten, sondern auch die Urteile von in der Bundesrepublik lebenden Ausländern heranzuziehen.

Die *Texte* sind – mit zwei Ausnahmen – authentisch und – abgesehen von leichten Kürzungen in wenigen Fällen – unverändert. Den differenzierten Sprachhandlungsabsichten entspricht ein breites Angebot an *Textsorten.* Es umfaßt fiktionale Texte, Sachtexte, Glossen, Reden, Interviews sowie verschiedenartiges Anschauungsmaterial, vom Schaubild bis zur Karikatur. Jedes der acht Kapitel umfaßt zwei Basistexte, ein bis drei Hörverständnis- und zwei oder mehr Lesetexte.

Der *Grammatikstoff* wird an den Basistexten erarbeitet. Er enthält überwiegend solche Teile, die in den Lehrbüchern der Grundstufe nicht oder nicht ausführlich genug behandelt werden und die erfahrungsgemäß, bei erweiterter Aufgabenstellung, einer Wiederholung, Festigung und Vertiefung bedürfen. Parallel dazu werden wichtige Aspekte der *Wortbildung* vorgestellt, wodurch der Lerner zu einer zunehmend selbständigeren Erschließung des lexikalischen Materials befähigt werden soll. Eng damit verbunden und als weiteres Element schließt sich die meist textbezogene Erweiterung der Ausdrucksmittel an, in Form von *Wortschatzdifferenzierung.* Die Erklärungen zur Grammatik, die in der traditionellen Terminologie formuliert sind, dürften so explizit sein, daß der Lernende sie auch ohne fremde Hilfe verstehen kann. In den Übungen wurde der in den Texten gebrauchte Wortschatz verwendet, soweit dies sinnvoll erschien. Wo immer es sich anbot, wurde versucht, nicht beim bloßen Einüben neuer Strukturen stehenzubleiben, sondern diese auch situationsgerecht im Zusammenhang sprachlichen Handelns anzuwenden. Das gleiche gilt für viele Übungen zum Wortschatz.

Die vorgeschlagenen *Bearbeitungsformen,* die von Text zu Text variieren, gehorchen keinem strengen einheitlichen Kanon. Auf einen derartigen Schematismus wurde bewußt verzichtet, zumal er in vielen Fällen dem Gegenstand nicht angemessen gewesen wäre, und da umgekehrt dem Kursleiter dadurch ein flexibleres Instrumentarium in die Hand gegeben wird, um die jeweilige Form und Intensität der Bearbeitung selbst zu entscheiden und auf die Bedürfnisse seiner Lerner abzustimmen. So ist etwa die Reihenfolge der

Textbearbeitungsaufgaben nicht als streng bindend gedacht. Je nach dem angestrebten Teillernziel bieten sich oft Umstellungen oder Weglassungen an. Unter diesem Blickwinkel ist auch die Ausführlichkeit und gelegentliche Redundanz mancher Aufgaben und Übungen zu sehen. So erlauben beispielsweise die mitunter sehr detaillierten, zur Genauigkeit zwingenden Fragen zu den Hörtexten eine gezielte Schulung des selektiven Hörverstehens. Andere Aufgaben zielen mehr auf globales Verstehen. Ähnliches gilt für die Texterschließung im LV-Bereich. Die Steuerung und Dosierung liegt also beim Kursleiter, der je nach Auswahl spezifischer Bearbeitungsformen und geeigneter Sozialformen die Möglichkeit hat, den Unterricht innerhalb der Gruppe noch zu differenzieren, indem stärkere und schwächere Lerner unterschiedliche Aufgaben (besonders in Form von Hausaufgaben) zugewiesen bekommen.

Den verschiedenen Bearbeitungsteilen wurden wechselnde Sozialformen zugeordnet, gelegentlich auch wahlweise mehr als eine. Obwohl also eine beträchtliche Zahl der Aufgaben für Gruppen- oder Partnerarbeit vorgesehen ist, läßt sich das Buch sicherlich zum großen Teil auch im Selbststudium erarbeiten. Für die Entwicklung der kommunikativen Fertigkeiten ebenso wie für die Bewältigung der „offenen“ Aufgaben erweist sich die Kontrolle durch den Kursleiter jedoch als unerläßlich.

Das Lehrwerk besteht aus einem *Textbuch* mit dazu gehöriger didaktischer Aufbereitung und aus einem *Übungs- und Arbeitsbuch,* das die Erklärungen und Übungen zu Grammatik, Wortbildung und Wortschatz enthält, sowie die Hörtexte und Diktate der *Toncassette,* die im *Textheft* abgedruckt sind (s. S. 2).

Das Lehrwerk richtet sich an erwachsene Deutschlernende im In- und Ausland, die bereits über abgeschlossene Grundkenntnisse verfügen. Es ist nicht auf spezifische Zielgruppen beschränkt und so konzipiert, daß der wesentliche Lernstoff in einem achtwöchigen Intensivkurs von 20 bis 24 Stunden pro Woche vermittelt werden kann. Bei einem extensiven Sprachkurs von vier Wochenstunden wären zwei Semester, insgesamt 160 bis 180 Stunden, anzusetzen.

Verzeichnis der verwendeten Abkürzungen und Symbole

Adj.	= Adjektiv	Präf.	= Präfix
AO	= Akkusativobjekt	Präp.	= Präposition
Adv.	= Adverb	Präs.	= Präsens
Attr.	= Attribut	Pron.	= Pronomen
BT	= Basistext	Pronominaladv.	= Pronominaladverb
Demonstrativpr.	= Demonstrativpronomen	Relativadv.	= Relativadverb
HA	= Hausaufgabe	Relativpr.	= Relativpronomen
HV	= Hörverständnistext	Sing.	= Singular
Inf.	= Infinitiv	Subst.	= Substantiv
LV	= Leseverständnistext	substantiv.	= substantiviert
Part.	= Partizip	Suff.	= Suffix
Plur.	= Plural	umg.	= umgangssprachlich

= Partnerarbeit

= Gruppenarbeit

= schriftliche Arbeit

= Hörtext

Inhaltsverzeichnis

* Die mit * gekennzeichneten Hörverständnistexte sind im Textheft (s. S. 2) abgedruckt.

Kapitel 1 – Erste Eindrücke

Klischeehafte Vorstellungen über andere Völker haben ein langes Leben. Sie sind selten reine Fiktionen, beruhen aber oft auf alten Überlieferungen und stammen aus früheren historischen Abschnitten.

Die Massenmedien haben sicherlich in manchen Ländern die Vorstellungen über ihre Nachbarn verändert, vielleicht auch nur alte Gemeinplätze durch neue ersetzt. Die Assoziationen, die sich mit Deutschland verbinden, sind verschieden je nach Nationalität, Alter und Kenntnisstand des Betrachters. Sie sind häufig noch geprägt durch die nationalsozialistische Ära.

Was ist Deutschland heute? Die Antwort auf diese Frage kann in vielen Bereichen nicht eindeutig ausfallen. Das zeigen auch die folgenden Eindrücke aus sehr unterschiedlichen Perspektiven von In- und Ausländern. Sie können kein zusammenfassendes Urteil geben und sind nicht mehr als Momentaufnahmen aus einer vielgestaltigen Wirklichkeit.

Aus: Kurt Halbritter „Gesellschaftsspiele", © 1978 Carl Hanser Verlag, München, Wien

HV1 Interview mit zwei japanischen Studenten

I. Erklären Sie kurz die Situation:

1. Wer nimmt an dem Gespräch teil?
2. Wo findet das Gespräch statt?
3. Über welches Thema, welche Erfahrungen sprechen die Studenten?

II. Fragen zum Verständnis

1. Was machen die beiden Studenten in Deutschland?
2. Wonach fragt der Interviewer zuerst?
3. Was machte Herr Katsura schon als Schüler?
4. Welche Vorstellungen verband er mit Deutschland?
5. Wo lernte er zuerst Deutsch?
6. Welchen Eindruck hatte er beim Deutschlernen?
7. Was studierte Herr Suzuki vorher?
8. Wie kam er auf die Idee, Deutsch zu studieren?
9. Was meint er zum Alltag in Deutschland?
10. Was macht ihm hier einige Schwierigkeiten?
11. Was ist in Japan anders?
12. Wann steht Herr Suzuki morgens auf?

III. Welche Aussagen, bzw. Satzteile gehören dem Sinn nach zusammen?

1. Es gibt einige Probleme	a) nach dem ich mich gesehnt hatte.
2. Die Umstellung vom Leben in Japan war leichter	b) war ich etwas ernüchtert.
3. Deutschland war das Land	c) daß es verschiedene Öffnungszeiten gibt.
4. Obwohl ein Fächerwechsel schwierig ist	d) mit dem Lebensrhythmus.
5. Als ich in Japan Deutsch lernte	e) als ich gedacht hatte.
6. Ich kann mich schwer daran gewöhnen	f) habe ich es doch durchgesetzt.

IV. Notieren Sie in Stichwörtern, welche Erfahrungen die Studenten Katsura und Suzuki mit der deutschen Sprache und Realität gemacht haben:

	Katsura	Suzuki
Elternhaus		
Schulzeit		
Universität		
Umstellung		
Probleme		

V. Weiterführende Fragen zum Inhalt:

1. Was denken Sie über den Lebensrhythmus in Deutschland?
2. Warum haben Geschäfte, Banken usw. in Deutschland genau geregelte Öffnungszeiten?
3. Können Sie sich erklären, warum der Arbeitstag in Deutschland so früh beginnt?
4. Funktioniert die Bürokratie in anderen Ländern weniger umständlich?
5. Welche Vorstellungen hatten Sie von Deutschland?
6. Haben sich diese Vorstellungen geändert?

Johannes Gross

BT1

Deutschland – ein höfliches Land

Aus der Fremde heimgekehrt, mag der Reisende mit Vergnügen empfinden, daß Deutschland, vergleichsweise, ein höfliches Land geworden ist. Die Beamten sind nicht bärbeißig oder barsch, eher zuvorkommend-bemüht; ganz unaufdringlich der Zoll, der Grenzschutz sachlich-reserviert, die Schaffner der Bundesbahn sind die liebenswürdigsten von der Welt, die Polizei ist doch meist ebenso höflich wie ihre Kundschaft; in den Hotels das Personal so effizient-hilfsbereit wie sonst nur noch in der Schweiz. Bei den Taxifahrern darf man noch weniger generalisieren; mir sind die Hamburger als die höflichsten in Erinnerung, gemütlich-angenehm auch die Münchner; im Rheinland erwartet der zutrauliche Chauffeur, daß der Fahrgast vorn, neben ihm, Platz nehme (und hält die rückwärtige Tür oft verschlossen), was im Ausland aus guten Gründen verboten, jedenfalls nicht erwünscht ist; in Berlin ist leider, des nachts vor allem, mit sprach- und stadtunkundigen Nicht-Berlinern zu rechnen oder mit Studenten noch nicht entdeckter Wissenschaften: aber nett, gesprächig, höflich sind sie auch, während sie sich verfahren.

Aus: Johannes Gross, „Rote Grütze im Hinterhof", F.A.Z.-Magazin, Frankfurter Allgemeine Zeitung, 14. 8. 1981

I. Bevor Sie den Text lesen, beantworten Sie bitte diese Fragen:

Waren Sie schon einmal längere Zeit im Ausland?
Was fiel Ihnen auf, als Sie wieder nach Hause kamen?
Falls Sie Deutschland kennen: Wie waren Ihre ersten Eindrücke?

II. Lesen Sie den Text und schlagen Sie die unbekannten Wörter nach. **HA**

III. Unterstreichen Sie die wichtigsten Informationen.

IV. Notieren Sie die einfachen und die zusammengesetzten Adjektive, mit denen der Autor die Personen charakterisiert.

V. Zum Verständnis

1. Was entdeckt der Reisende, wenn er nach Deutschland zurückkommt?
2. Wie sind die Beamten?
3. Was kann man über das Hotelpersonal sagen?
4. Was erwarten die Taxifahrer im Rheinland?
5. Wer arbeitet in Berlin nachts häufig als Taxifahrer?
6. Warum kennen die Taxifahrer in Berlin die Stadt oft nicht?

VI. Was ist richtig? Kreuzen Sie an:

1.
a) Wenn man es mit anderen Ländern vergleicht, sind die Leute in Deutschland höflich. ☐
b) Wenn man es mit früher vergleicht, sind die Leute in Deutschland höflich. ☐
c) Es wäre erfreulich, wenn die Reisenden die Deutschen als höflich empfinden würden. Aber das ist leider nicht der Fall. ☐

2.
a) Der Grenzschutz ist bärbeißig oder barsch. ☐
b) Die Zollbeamten sind zurückhaltend. ☐
c) Die Bahnschaffner sind außerordentlich freundlich. ☐

3.
a) Wenn man zu den Polizisten höflich ist, sind sie auch höflich. ☐
b) Hilfsbereites Hotelpersonal gibt es nur noch in der Schweiz. ☐
c) Die Taxifahrer nehmen kein Trinkgeld an. ☐

4.
a) Die Hamburger Taxifahrer sind besonders höflich. ☐
b) Im Rheinland suchen die Taxifahrer gern Kontakt mit Damen. ☐
c) Die Münchner Taxifahrer sind besonders sympathisch. ☐

5.
a) In Berlin trifft man nachts oft Taxifahrer, die weder die Stadt kennen noch richtig Deutsch sprechen. ☐
b) Unter den Taxifahrern sind manchmal Studenten, die ganz seltene Fächer studieren. ☐
c) Die Taxifahrer reden oft so viel, daß sie nicht auf die Richtung achten. ☐

VII. Wie lauten die fehlenden Adjektive?

Die Beamten sind nicht . . . . . oder . . . . ., sie sind eher . . . . ..
Der Zoll ist . . . . ., der Grenzschutz . . . . ..
Die Schaffner sind . . . . . und die Polizei ist meistens so . . . . . wie ihre Kundschaft.
Das Hotelpersonal ist . . . . ..
Die Hamburger Taxifahrer sind besonders . . . . . und die Münchner . . . . ..
Die Taxifahrer in Berlin sind nachts häufig . . . . . und . . . . ..

VIII. Geben Sie den Text in vereinfachter Form mit Hilfe folgender Stichwörter wieder:

Bei Rückkehr aus dem Ausland – feststellen, daß – an der Grenze – in den Hotels – die Taxifahrer – in Hamburg – in München – im Rheinland – in Berlin

IX. Nehmen Sie zu den beiden folgenden Thesen Stellung:

1. Der Autor ist unkritisch und politisch wahrscheinlich rechts.
2. Die Deutschen sind im allgemeinen freundlich und hilfsbereit.

Sevgi Atasayar
In der Linie 24

I. Erklären Sie kurz die Situation:
1. Wo findet das Geschehen statt?
2. Welche Personen sind beteiligt?
3. Was hat der Autor damit zu tun?
4. Aus welchem Grund erzählt der Autor wohl die Geschichte?

II. Fragen zum Verständnis
1. Wo sitzt der Sprecher?
2. Gibt es noch freie Sitzplätze im Bus?
3. Warum stehen viele Leute?
4. Warum packt den Sprecher die Wut?
5. Welchen Impuls spürt er?
6. Was geschah nach einiger Zeit?
7. Wer hat dann Platz genommen?

III. Weiterführende Fragen zum Inhalt
1. Welche anderen Gründe kann es dafür geben, daß jemand lieber im Stehen fährt?
2. Kann man eine solche „Diskriminierung" auch gegenüber anderen Personen beobachten?
3. Wie hätte der Sprecher seine Solidarität zeigen können?
4. Kennen Sie andere Situationen, in denen Personen diskriminiert werden?
5. Worauf basiert ein solches Verhalten?

IV. Übung zum Wortschatz
1. Setzen Sie das passende Verb ein:
sehen, anschauen, nachschauen, den Blick richten
a) Der Mann . . . . . die Leute traurig . . . . .
b) Als der Mann ausstieg, ... ihm die Leute . . . . .
c) Neben dem Mann . . . . . er einen freien Platz.
d) Dann . . . . . wieder auf den leeren Sitzplatz.
2. Setzen Sie das passende Verb ein:
sitzen, sich (hin)setzen, Platz nehmen

Der Bus war überfüllt. Ich . . . . . im hinteren Teil. Eine Frau stieg ein und . . . . . neben mich. Weiter vorn . . . . . ein Ausländer. Neben ihm war ein Platz frei, aber niemand . . . . . Warum wollte keiner neben dem Mann . . . . .? Ich hätte mich gern neben ihn . . . . .. Kaum war der Mann ausgestiegen, da . . . . . zwei Leute . . . . .

V. Drücken Sie Vermutungen aus!
Warum hatte die Frau eine volle Tasche?
Sie *dürfte/muß wohl/wird wohl* Einkäufe gemacht haben.
1. Warum stehen die Leute im Bus? – (Vielleicht waren keine Sitzplätze frei.)
2. Warum steigt der Mann hier aus? – (Vielleicht wohnt er hier.)
3. Wie fühlte sich der Mann? – (Vielleicht war er traurig.)
4. Woran sah man, daß der Mann ein Ausländer war? – (Vielleicht sah er anders aus.)
5. Warum wollte der Sprecher sich neben ihn setzen? – (Vielleicht tat ihm der Mann leid.)

BT2 Das Funktionieren des Alltags

Wenn Sie einmal eine Reise in die Bundesrepublik machen und in irgendeiner Großstadt die Bahn oder das Flugzeug verlassen, werden Sie feststellen, daß das Leben nicht viel anders aussieht als in anderen europäischen Ländern auch.

Es wird nicht passieren, daß Sie von einem schlechtgelaunten Polizisten angebrüllt werden, wenn Sie ihn um eine Auskunft bitten. Auf Banken und Behörden werden Sie junge Leute antreffen, die sich in Kleidung und Haartracht nicht wesentlich von ihren Kollegen in anderen Ländern unterscheiden.

Vergleicht man die Verhältnisse mit manchen anderen Ländern, so erscheinen einem die deutschen Behörden als ein Muster an Effektivität und Schnelligkeit. Zur polizeilichen Anmeldung z. B. geht man ins Rathaus, sucht sich das entsprechende Zimmer, und in einer halben Stunde ist die Sache erledigt. In manchen anderen Ländern kostet Sie das vielleicht einen ganzen Vormittag.

Angestellte und Beamte sind zwar nicht sehr phantasievoll in der Auslegung ihrer Vorschriften, aber sie bemühen sich um ihre Einhaltung. Man muß zugeben, daß das nicht immer leicht ist, denn die Fülle von Gesetzen, Vorschriften und Bestimmungen ist verwirrend. Jede Kleinigkeit ist in Deutschland geregelt, und das kann auch sehr ärgerlich und kleinkariert sein. Auf der einen Seite ist so für das reibungslose Funktionieren des Alltags gesorgt, auf der anderen Seite wirkt sich die allgemeine Reglementierung auf die menschlichen Beziehungen aus. Jeder muß zahlreiche Spielregeln befolgen. Man ist nicht großzügig. Jeder wacht über den anderen und seine eigenen Rechte und Ansprüche.

Wenn jemand einen Fehler im Straßenverkehr macht, macht man ihn oft energisch darauf aufmerksam. Wenn sich irgendwo eine Schlange bildet, achten alle darauf, daß sich niemand vordrängt. Wenn man mit anderen essen geht, zahlt jeder für sich.

Man vermißt Wärme und spontane Freundlichkeit.

HA

I. Bereiten Sie den Text vor, und schlagen Sie die unbekannten Wörter nach.

II. Richtig oder falsch?

	richtig	falsch
1. Das Leben in der Bundesrepublik ist ähnlich wie in anderen europäischen Ländern.	☐	☐
2. Manche Polizisten sind sehr unhöflich.	☐	☐
3. Deutsche Behörden arbeiten schnell.	☐	☐
4. Es gibt sehr viele Gesetze und Vorschriften.	☐	☐
5. Kinder müssen beim Spielen vorsichtig sein.	☐	☐
6. Die Leute sind häufig kalt und nicht sehr freundlich.	☐	☐

III. Zum Verständnis

1. Was wird nicht passieren, wenn Sie um eine Auskunft bitten?
2. Wo erledigt man die polizeiliche Anmeldung?
3. Wieviel Zeit braucht man für die polizeiliche Anmeldung?
4. Worum bemühen sich Angestellte und Beamte?
5. Wofür ist gesorgt?
6. Worüber wacht jeder?

IV. Steht das im Text? Wenn ja, wo?

1. Die jungen Leute, die bei Banken und Behörden arbeiten, haben ähnliche Kleidung und Haare, wie man sie in anderen Ländern auch hat.
2. In manchen anderen Ländern arbeitet ein Beamter für Sie vielleicht einen ganzen Vormittag.
3. Angestellte und Beamte legen ihre Vorschriften eng aus.
4. Auch für unwichtige Dinge gibt es in Deutschland eine Regelung.
5. Die vielen Vorschriften haben Folgen für die menschlichen Beziehungen.
6. Wenn man nicht aufmerksam ist, beachtet man vielleicht die Verkehrsregeln nicht.
7. Wenn eine Reihe von Leuten irgendwo wartet, muß man selbst auch warten.
8. Man wird selten zum Essen eingeladen.

V. Wie wird das im Text ausgedrückt?

1. . . . . . das Leben unterscheidet sich nicht sehr . . . . .
2. . . . . . kein schlechtgelaunter Polizist wird Sie anbrüllen . . . . .
3. . . . . . in einer halben Stunde ist die Angelegenheit geregelt . . . . .
4. . . . . . es gibt außerordentlich viele Gesetze, Vorschriften und Bestimmungen . . . . .
5. . . . . . darüber kann man sich sehr ärgern . . . . .
6. . . . . . es ist dafür gesorgt, daß der Alltag ohne Probleme funktioniert . . . . .

VI. Notieren Sie in Stichworten:

1. Was ist so wie in anderen Ländern?
2. Was ist anders als in anderen Ländern?

VII. Fassen Sie die wichtigsten Punkte des Textes mit Hilfe Ihrer Notizen zusammen.

VIII. Sagen Sie mit eigenen Worten, was folgende Wörter bedeuten, oder versuchen Sie, diese durch Beispiele zu erklären:

1. schlechtgelaunt
2. Haartracht
3. phantasievoll
4. Kleinigkeit
5. Schlange
6. spontan

IX. Verwenden sie in den folgenden Sätzen die angegebenen Wörter und Wendungen, und führen Sie begonnene Sätze fort:

1. Vergleicht man die Verhältnisse mit manchen anderen Ländern, so erscheinen einem die deutschen Behörden als ein Muster an Effektivität und Schnelligkeit.
   Beispiel: wenn
   Wenn man die Verhältnisse mit manchen anderen Ländern vergleicht, ...
   a) halten für
   b) . . . . ., so wird man meinen, daß . . . . .
2. In manchen anderen Ländern kostet Sie das vielleicht einen ganzen Vormittag.
   a) brauchen
   b) verlieren
3. Wenn jemand einen Fehler im Straßenverkehr macht, macht man ihn oft energisch darauf aufmerksam.
   a) Macht . . . . .
   b) . . . . ., (Passiv)
4. Wenn man mit anderen essen geht, zahlt jeder für sich.
   a) bei
   b) einladen

5. Man vermißt Wärme und spontane Freundlichkeit.
   a) fehlen an
   b) es gibt

X. Zum Inhalt

1. Haben Sie andere Eindrücke von der Bundesrepublik als der Verfasser?
2. Woher haben Sie Ihre Vorstellungen von Deutschland?
3. Was hat Ihre Meinung von Deutschland mehr beeinflußt: aktuelle Berichte in den Medien, Filme oder Bücher?

XI. Bereiten Sie mit Ihrem Nachbarn ein Gespräch vor über ein interessantes Erlebnis bei einer Behörde, in einem Geschäft oder in einer ähnlichen Situation. Machen Sie sich dabei Notizen.

HA **XII. Beschreiben Sie Ihr Land. Schreiben Sie dabei über ähnliche Probleme wie der Text.**

HA **XIII. Schreiben Sie über Ihre ersten Eindrücke von Deutschland einen Brief nach Hause.**

LV1 *P. Kowalski/W. Schmidt*

Ich fühle mich hier sehr heimisch

Ich bin 31 Jahre alt und komme aus Rumänien. In meiner Heimat habe ich Abitur gemacht, und dann bin ich zum Militär gegangen. Danach bin ich ins Ausland gefahren, zunächst nach Griechenland. Da habe ich eine Hotelfachschule besucht und bin Hotelfachmann. Nach zwei Jahren bin ich nach Deutschland gekommen, und hier arbeite ich jetzt als Hotelkaufmann.

In Deutschland herrscht eine sehr große Ordnung. Ein Beispiel: Ich kam mal mit dem Zug aus Italien, 1. Klasse. Im Speisewagen gab es pünktlich das Menü. Das war mein erster Eindruck, nachdem wir die deutsche Grenze passiert hatten. Da habe ich diese enorme Ordnung erstmalig ganz deutlich gespürt. Das ist ein Unterschied, diese Ordnung gibt es in keinem anderen Land der Welt, auch nicht in der Schweiz. In Deutschland ist es ganz anders mit dieser Ordnung. Das hat mich fasziniert und das mag ich auch, die Ordnung hier in Deutschland. Immer wieder, wenn ich in Urlaub fahre, dann bin ich anschließend froh, wenn ich wieder in Deutschland bin. Da kann ich mein Bier trinken, irgendwo im Flughafen, auch wenn das in Frankfurt ist, da herrscht keine Hektik, da läuft alles nach Band.

Was auch anders ist hier in Deutschland, das ist der Wohlstand. Das viele Geld. Aber wenn man arbeitet und Geld verdient und kaufen kann, dann ist einem der Wohlstand doch nicht mehr so wichtig. Man gewöhnt sich an den Wohlstand. Das fällt mir bei mir auch stark auf. Vor acht Jahren, als ich hierher kam, da fiel mir der Wohlstand ganz stark auf. Doch heute, nach acht Jahren, da merke ich das gar nicht mehr. Heute sehe ich mehr das Elend, was alles fehlt, was alles noch zu machen ist. Der Wohlstand ist für mich nicht mehr so interessant.

Ja, mit den Menschen habe ich eigentlich gar keine Probleme, so gut wie keine Schwierigkeiten. Mit den Deutschen habe ich mich irgendwie gut verständigen können, vielleicht lag es auch daran, weil ich Deutsch konnte. Man erzählt immer wieder, daß die Deutschen nicht so kontaktfreudig sind, nicht sehr gesprächsfreudig, aber von mir persönlich gesehen muß ich das widerlegen. Also meine Erfahrungen sind gut. Die meisten Deutschen, die ich kennengelernt habe, sind sehr kontaktfreudig und versuchten immer wieder zu helfen, wo etwas zu helfen war.

Also, ich würde auf keinen Fall sagen, daß die Deutschen fremdenfeindlich sind. Wenn die Deutschen hörten, daß ich Rumäne bin, dann sagten sie: „Ach, das ist ja schön, ich habe noch nie einen Rumänen kennengelernt."

Aber die Türken und die Jugoslawen, die sind ja massenweise in Deutschland. Ich glaube, die Deutschen im Urlaub, die mögen die Italiener in Italien und die Jugoslawen in Jugoslawien, aber nicht hier in Deutschland.

Bevor ich nach Deutschland kam, hatte ich ein Bild von Deutschland, und zwar von Zeitschriften. Daher habe ich mir Deutschland mehr wie Amerika vorgestellt. Ich dachte, Deutschland wäre irgendwas Ähnliches wie Amerika. Und als ich dann hierher kam, war ich doch überrascht, es besteht nicht die geringste Ähnlichkeit, es ist doch ein sehr europäischer Staat, und wenn schon der Vergleich zu machen ist, dann ist Deutschland Rumänien viel ähnlicher als Amerika. Also, ich fühle mich hier sehr heimisch. Es ist vieles so wie in meiner Heimatstadt. Es erinnert mich vieles an meine Heimat, die Gebäude, die Straßen, vieles. Ich fühle mich eben ziemlich wie zu Hause. Auch das Klima und die Vegetation und alles. Und die Menschen auch. Deshalb möchte ich auch hier bleiben, ich bleibe in Deutschland, ich gehe nie wieder nach Rumänien.

Aus: Peter Kowalski, Winfried Schmidt, „Ganz verschiedene Erfahrungen" in: „Ausländerbuch für Inländer – Bausteine zum Begreifen der Ausländerprobleme", hgg. von Pea Fröhlich und Peter Märthesheimer, Fischer Taschenbuch Verlag, Frankfurt/Main 1980.

I. Lesen Sie den Text genau durch, unterstreichen Sie die Schlüsselwörter und gliedern Sie den Text in thematische Abschnitte. Geben Sie jedem Abschnitt einen kurzen Titel: HA

Beispiel: 1. Abschnitt (Zeile 1 bis . . .) – kurzer Lebenslauf des Erzählers
2. Abschnitt (Zeile . . . bis . . .)

II. Fragen zum Verständnis

1. Wo hat der Rumäne seine Ausbildung erhalten?
2. Welchen starken Eindruck bekam der Mann, als er die deutsche Grenze passiert hatte?
3. Was hat das Bier auf dem Frankfurter Flughafen mit Ordnung zu tun?
4. Wie sah der Mann den Wohlstand, als er nach Deutschland kam?
5. Wie sieht er den Wohlstand heute?
6. Wie kommt der Rumäne mit den Deutschen zurecht?
7. Welche verbreitete Meinung über die Deutschen kann er nicht bestätigen?
8. Welche Erfahrung hat er selbst mit Deutschen gemacht?
9. Mögen die Deutschen generell keine Fremden?
10. Welche unterschiedlichen Reaktionen kann man beobachten?
11. Welche Vorstellung von Deutschland hatte der Rumäne, bevor er hierher kam?
12. Was hat ihn dann überrascht?
13. Warum fühlt er sich hier so heimisch? Nennen Sie mehrere Gründe.

III. Ergänzen Sie die passenden Verben:

1. Auf dem Flughafen . . . . . keine Hektik.
2. Am Anfang . . . . . der Wohlstand . . . . ., aber dann . . . . . man sich daran.
3. An der Grenze hat er ganz deutlich die Ordnung . . . . .
4. Es gab keine Probleme. Das . . . . . auch daran, daß er Deutsch . . . . ..
5. Überall in Deutschland . . . . . eine große Ordnung.
6. Er hatte sich Deutschland ganz anders . . . . ..

7. Er . . . . hier wie zu Hause.
8. Als er dann nach Deutschland kam, war er sehr . . . . ..
9. Vieles in Deutschland hat ihn an seine Heimat . . . . ..

IV. Fassen Sie kurz zusammen, was der Autor zu den folgenden Themen sagt. Benutzen Sie die Stichwörter:

1. *Ordnung*
erster Eindruck
Speisewagen – pünktlich
in keinem anderen Land
immer gern wieder zurück
keine Hektik

2. *Wohlstand*
viel Geld verdienen
kaufen können
sich gewöhnen
früher fiel Wohlstand auf
heute – was noch fehlt

3. *Kontakte mit Deutschen*
keine Schwierigkeiten
Deutsch können
man erzählt
Deutsche nicht kontaktfreudig
persönlich andere Erfahrung
Beispiele

4. *Deutschland*
Bild von Zeitschriften
wie Amerika
hier dann überrascht
mehr Ähnlichkeit mit Rumänien
vieles erinnert an
Beispiele

V. Nehmen Sie Stellung zu den folgenden Thesen. Notieren Sie Argumente für oder gegen:

1. Ordnung ist der wichtigste Faktor im sozialen Zusammenleben.
2. Wohlstand macht gleichgültig und egoistisch.
3. Man findet nur Zugang zu einem Land, wenn man dessen Sprache kann.
4. Je besser sich zwei Völker kennen, desto besser verstehen sie sich.
5. Mein Vaterland ist dort, wo es mir gut geht.

VI. Interviewen Sie einen Partner. Stellen Sie ihm folgende Fragen:

1. Was ist für Sie wichtig, um sich in einem Land wohl zu fühlen?
2. Ist Ordnung in Ihrem Land ebenso wichtig wie in Deutschland?
3. Finden Sie, daß die Deutschen fremdenfeindlich sind?

HV3 *Raissa Orlowa*

Ich war hilflos, stumm und taub

I. Hören Sie den Bericht der Aussiedlerin und kreuzen Sie an, in welchen Bereichen sie Probleme hatte:

mit Freunden	☐	mit dem Essen	☐
beim Einkaufen	☐	mit dem Wohnen	☐
mit Verkehrsmitteln	☐	mit der Sprache	☐
mit dem Geld	☐	mit den Preisen	☐
in Geschäften/Läden	☐		

II. Hören Sie den Bericht noch einmal, und beantworten Sie dann die folgenden Fragen:

1. Konnte die Frau schon Deutsch, als sie von Moskau abreiste?
2. Womit kam die Frau beispielsweise nicht zurecht?
3. Warum war das Einkaufen schwierig?
4. Wer hatte auch einen „Anpassungsschock" erlebt?
5. Warum läßt sie sich die Grütze aus Moskau schicken?
6. Welche Ratschläge geben ihr die Leute?
7. Was findet sie bei den Preisen so schwierig?
8. Wovon hängt der Preis beispielsweise ab?

III. Verbinden Sie die folgenden Satzteile. Die richtigen Sätze sind Aussagen im Text, den Sie gehört haben.

1. Die Sprachbarriere war nicht das einzige Hindernis	a) obwohl er hilfreich ist.
2. Ich kam beim Einsteigen	b) in einer fremden Welt leben zu lernen.
3. Ich kann nicht richtig erklären	c) wo ich am besten und billigsten einkaufen kann.
4. Ich kann nicht verstehen	d) was ich haben möchte.
5. Ein deutscher Bärenführer reicht nicht aus	e) mit dem ich zu kämpfen hatte.
6. Der Buchweizen aus den Reformhäusern	f) daß der gleiche Gegenstand mal teurer und mal billiger ist.
7. Ich werde mit Ratschlägen überschüttet	g) was man mir auf mein Gestammel antwortet.
8. Ich kann mich nicht daran gewöhnen	h) wird erst noch mit Seifenpulver gewaschen.
	i) mit der Automatik nicht zurecht.
	j) schmeckt anders als zu Hause.

IV. Weiterführende Fragen zum Inhalt

1. Wie sollte man sich auf ein fremdes Land vorbereiten?
   a) für einen kurzen Aufenthalt (Urlaub)
   b) für einen langen Aufenthalt
2. Ist es besser, auf Ratschläge von Einheimischen oder von Landsleuten zu hören? Nennen Sie Gründe.
3. Würden Sie versuchen, in einem anderen Land ihre eigenen Gewohnheiten möglichst beizubehalten? Warum ja? Warum nein?
4. Welche Nachteile hat man, wenn man sich in einem Land nicht auskennt? Geben Sie Beispiele.
5. Wann spricht man von einem „Anpassungsschock", und wie reagieren die betroffenen Personen darauf?

LV2 *Dieter Lattmann*

Dieses Land ist verdorben durch Geld

Als ich eines Abends spät ins Hotel kam, stand ein Ceylonese an der Rezeption. Er gab mir den Schlüssel für das Zimmer, das ich am Nachmittag mit meinem Koffer belegt hatte, bevor ich aufbrach, um einen Besuch zu machen. Meine Wohnung in der Joachimstraße hatte ich schon aufgegeben, ich wohnte reihum in Hotelzimmern.

An diesem Abend fand ich mein Zimmer besetzt. Eine schlafende Gestalt lag im Bett. Der Mensch hatte sich nicht ums Abschließen gekümmert. Mein Koffer stand nahe bei der Tür. Es fehlte, daß jemand ihn hinausgeworfen hätte.

,,Was ist denn da los?" fragte ich an der Rezeption, den Koffer in der Hand. Der Ceylonese blätterte im Bestellbuch. Dort fanden wir meinen Namen ausgestrichen und dabei ein anderes Hotel vermerkt, das derselben Besitzergruppe gehörte.

,,Der Chef hat das entschieden", erklärte der Ceylonese und schaute mich aus seinen braunen Augen ruhig an. Er war ein junger Mann aus Sri Lanka in einem naturfarbenen Baumwollkittel, aus dem sehr schlanke Handgelenke dunkelhäutig hervorragten. Während er nach dem Telefon griff, um mir ein Taxi zu rufen, schimmerten die Monde seiner Fingernägel.

,,Warten Sie", sagte ich und wollte ein anderes Zimmer in diesem Hotel.

,,Es ist alles besetzt", beschied mich der Ceylonese. In erstaunlich gutem Deutsch setzte er mir auseinander, daß der Boß eine Reisegruppe, einen ganzen Bus, einquartiert und alle Buchungen durcheinandergebracht hatte. Als er bemerkte, wie ich das aufnahm, breitete er die Arme aus und schloß gleich darauf die Handflächen vor der Brust aneinander.

,,Dieses Land ist verdorben durch Geld", stellte er fest, es handelte sich um eine Tatsachenmitteilung. ,,Ich gehe wieder fort, denn ich will nicht verdorben werden durch Geld."

Aus: Dieter Lattmann, ,,Die lieblose Republik", © Kindler Verlag, München 1981

HA **I.** **Lesen Sie den Text genau durch und**

a) notieren Sie alle Wörter, die mit Hotel/Reise zu tun haben,

b) unterstreichen Sie die Sätze mit der wichtigsten Information.

II. Verbinden Sie die Satzteile, die dem Text nach zusammengehören:

1. Er wohnte in Hotelzimmern
2. Er hatte das Zimmer mit seinem Koffer belegt
3. Als er abends zurückkam
4. Das Zimmer war nicht abgeschlossen
5. Sein Name stand im Bestellbuch
6. Er sollte in ein anderes Hotel gehen
7. Der junge Mann griff nach dem Telefon
8. Er wollte ein anderes Zimmer im gleichen Hotel
9. Der junge Mann erklärte ihm
10. Der Mann wollte wieder fortgehen

a) das der gleichen Besitzergruppe gehörte.
b) um ein Taxi zu rufen.
c) denn er sprach erstaunlich gut Deutsch.
d) weil er seine Wohnung aufgegeben hatte.
e) doch leider war alles besetzt.
f) aber er war ausgestrichen.
g) bevor er einen Besuch machte.
h) um nicht durch Geld verdorben zu werden.
i) und sein Koffer stand bei der Tür.
j) daß man eine Reisegruppe einquartiert hatte.
k) fand er einen schlafenden Mann in seinem Bett.
l) daß der Boß alles durcheinandergebracht hätte.

III. Fragen zum Verständnis

1. Wann hatte der Gast sein Zimmer bekommen?
2. Warum kam er erst spät abends zurück ins Hotel?
3. Was sah er, als er sein Zimmer betrat?
4. Was suchte der Ceylonese im Bestellbuch?
5. Was war dort vermerkt?
6. Welche Erklärung gab der Ceylonese?
7. Warum war das ganze Hotel jetzt besetzt?
8. Wer hatte die Gruppe einquartiert?
9. Wie reagierte der junge Mann, als er den Ärger des Gastes bemerkte?
10. Welche Konsequenz wollte der Ceylonese für sich ziehen?

IV. Suchen Sie sich einen Partner und vertreten Sie Ihre Position:

1. *Gast/Rezeption*
   Wie würden Sie in der gleichen Situation argumentieren?
2. *Kunde/Verkäufer*
   Sie haben sich ein Kleid/einen Mantel reservieren lassen. Am nächsten Tag wollen Sie es/ihn abholen, aber er ist verkauft.
3. *Besucher/Theaterkasse*
   Sie haben telefonisch zwei Karten für eine Premiere bestellt. Am Abend erfahren Sie, daß keine Karten reserviert wurden und die Vorstellung ausverkauft ist.

V. Diskutieren Sie mit Partnern, was es bedeutet, wenn „ein Land durch Geld verdorben ist".

Suchen Sie Beispiele, wo Profitdenken Schaden und Nachteile für andere bringt:
(z. B. in den Bereichen: Wohnen, Verkehr, Politik, Konsum/Werbung Medien/öffentliche Meinung, usw.)

VI. Schreiben Sie ein paar Zeilen zu den Themen:

a) Findet man in Ländern mit weniger Geld mehr Gerechtigkeit und Gleichheit?
b) Man sagt, daß Geld die Menschen verdirbt. Nennen Sie andere Faktoren, die Ihrer Meinung nach in ähnlicher Weise korrumpieren.

Dorothea Hollatz

LV3

Aus einem Brief

Oder ist sie etwa nicht gut, die Zeit, die unsere Bundesrepublik ihrem Bürger anbietet? Fragen Sie doch die Reiseunternehmer! Schauen Sie sich die wachsende Liste der Freizeitangebote und der dazugehörigen Utensilien an! Betrachten Sie, bevor der Papierkorb sich füllt, die Massenkataloge! Beachten Sie die Auslagen der Geschäfte für Mode und Nahrungsmittel, vom reinen Luxus ganz zu schweigen. Ärmere Nationen mögen angesichts der Überfülle schwindlig werden, auch wenn es Menschengruppen gibt, die auch hierzulande vom Wohlstand ausgeschlossen sind und bleiben. Trotzdem, nun erst recht die Frage: Warum begegnet man so oft teilnahmslosen, unzufriedenen Gesichtern? An was mangelt es ihnen? Wird das Verlangen nach materiellem Besitz noch immer nicht zur Genüge gestillt? Fehlt es an der Möglichkeit, einen Menschen zu finden, mit dem man sich im wahren Sinne des Wortes aussprechen kann, also nicht nur flirten, plaudern, den Börsenbericht zerfasern, sondern reden und schweigen zu rechter Zeit?

Aus: „Schön ist die Jugend bei guten Zeiten", hgg. vom Förderverein Dt. Schriftsteller in Hessen e. V. © Athenäum Verlag, Königstein/Ts. 1981

1

HA I. Unterstreichen Sie alle Fragen, die in diesem Brief gestellt werden. Notieren Sie die Sätze in vereinfachter Form.

II. Welche Ratschläge gibt uns die Autorin, um über die Situation in der Bundesrepublik ein Bild zu gewinnen? Nennen Sie 3 Sätze im Text.

III. Vergleichen Sie mit dem Text, ob folgende Aussagen richtig oder falsch sind:

	richtig	falsch
1. Es wird immer mehr für die Freizeit angeboten.	☐	☐
2. Die Auslagen der Geschäfte sind der reinste Luxus.	☐	☐
3. Nicht nur in anderen Ländern, sondern auch in der Bundesrepublik gibt es arme Menschen.	☐	☐
4. Werden die materiellen Wünsche noch nicht genügend befriedigt?	☐	☐
5. Ist es unmöglich, Menschen zu finden, mit denen man offen über alle Dinge reden kann?	☐	☐

IV. Beantworten Sie die Fragen und geben Sie Gründe dafür an:

1. An wen, glauben Sie, stellt die Autorin diese Fragen?
2. Glauben Sie, daß die Autorin selbst Antworten auf ihre Fragen hat? Welche?

V. Nehmen Sie Stellung zu den Fragen, die im Text gestellt werden. Begründen Sie Ihren Kommentar schriftlich!

Kapitel 2 – Essen

Eine der ersten Erfahrungen, die man in einem anderen Land macht, ist das Essen.

Verglichen mit Zeiten, als es auch in Europa Hunger gab, herrscht jetzt ein gewisser standardisierter Luxus, denkt man an die Armut früherer Jahrhunderte, als das ,,tägliche Brot" eine so wichtige Rolle spielte wie in vielen Ländern der Dritten Welt heute.

In Deutschland gab es schon im späten Mittelalter ein reiches Bürgertum, das auch in der Eß- und Trinkkultur viel Luxus entfaltete. Das traf natürlich auch auf den Adel zu.

Daneben gab es, besonders in klimatisch und landwirtschaftlich benachteiligten Gebieten, Not oder allergrößte Bescheidenheit im Essen. Es ist bekannt, daß Einfachheit selbst die königliche Tafel in Preußen charakterisierte. Auch die Religion spielte dabei eine Rolle. Der Protestantismus tendierte zur Askese, während die katholischen Länder mehr Luxus entwikkelten.

Man darf die Folgen der beiden letzten Weltkriege für die deutsche Küche nicht vergessen. Vom Ersten bis lange über den Zweiten Weltkrieg hinaus ging es jahrzehntelang bei der Mehrheit der Bevölkerung sehr knapp zu, und es war kein Platz für raffinierte Kochgewohnheiten.

In den letzten zwanzig Jahren ist neben einer Verfeinerung traditioneller deutscher Spezialitäten auch eine Internationalisierung der Küche festzustellen.

Der bekannte französische Restaurantführer ,,Guide Michelin" hat im Jahr 1982 zum ersten Mal auch außerhalb Frankreichs die höchste qualitative Auszeichnung, drei Sterne, an Restaurants in München und Köln vergeben.

T1 *Hisako Matsubara*

Ernst beim Essen

Zweifellos ist das Essen lebensnotwendig. Man kann darauf nicht längere Zeit verzichten, ohne sein Leben zu gefährden. Also muß man essen, um zu leben. Das ist ja in Deutschland geradezu sprichwörtlich.
Nun taucht die große Frage auf: was heißt ,,leben"? Wenn ,,leben" nur das Gegenteil von ,,tot sein" ist, dann ist Essen eine Pflichtübung zur Erhaltung des Lebens, denn Selbstmord soll ja Sünde sein. Falls ,,leben" hingegen etwas anderes bedeutet als bloßes ,,nicht tot sein", dann könnte vielleicht auch im Essen ein höherer Sinn verborgen liegen.
Das Trinken erhält höheren Sinn durch den Alkohol, der auf das Gehirn wirkt, welches der edelste Teil des Menschen sein soll, und über dessen Funktion man folglich gerne spricht.
Für das Essen gibt es offenbar keine höheren Weihen. Es wirkt ja auch nur auf den nicht ganz so edlen Magen.
In Japan gibt es ein Sprichwort, welches behauptet: ,,Wie man ißt, so liebt man . . ."
Die Franzosen lieben das Essen auch. Die Japaner, die man doch sonst gerne als die ,,Preußen Asiens" bezeichnet, scheinen mir in diesem Punkte eher den Franzosen nahezustehen. Jedenfalls legen die Japaner größten Wert auf die Gefühle, die sich beim Essen an den Enden der Geschmacksnerven ergeben.
Schon von meinem ersten Deutschlandbesuch her sind mir die Worte unauslöschlich im Gedächtnis haftengeblieben, mit denen mir bei Tisch etwas angeboten wurde: ,,Das ist gesund."
Es war Quark mit Schnittlauch und Petersilie, aber ich fühlte mich damals gar nicht krank.
Der Essensprozeß wird in Deutschland rationalisiert und unter dem Aspekt möglicher Zeitersparnis betrachtet. Japaner sind da anders. Je besser es schmeckt, um so mehr Zeit nehmen

sie sich – auch wenn sie nur wenig Zeit haben. In Deutschland bin ich mit dem Essen immer erst halb fertig, wenn sich meine Tischgenossen schon nach dem Nachtisch sehnen. Suppe zu essen habe ich schon aufgegeben, damit ich mit dem Hauptgang eher anfangen kann. Auf den Pudding verzichte ich auch meist freiwillig, damit ich wenigstens bis zur Aufhebung der Tafel Zeit genug habe, meinen Teller leer zu essen.

Essen ist Arbeit – und ein Kampf mit dem Arbeitsgerät, mit Messer und Gabel. In Japan wird alles in mundgerechte Stücke geschnitten serviert. Ich finde das sehr entgegenkommend. In Deutschland bitte ich meist meinen Tischnachbarn, mir das Fleisch zu schneiden. Das ist sicherer für ihn und für mich.

„Warum essen die Japaner, die sonst doch schon so zivilisiert sind, immer noch mit Stäbchen?" So werde ich bisweilen gefragt. Nun, vielleicht wollen wir nicht so zivilisiert sein . . .

Aus: Hisako Matsubara, „Blick aus Mandelaugen – Ost-westliche Miniaturen", Albrecht Knaus Verlag, Hamburg 1980

I. Welche Vorstellungen verbinden Sie mit dem Essen in Deutschland? Sammeln Sie alle Assoziationen, die Ihnen dazu einfallen.

HA II. Lesen Sie den Text durch und schlagen Sie alle unbekannten Wörter nach.

III. Notieren Sie die wichtigsten Informationen in Stichwörtern.

IV. Zum Verständnis

1. Was passiert, wenn man längere Zeit nicht ißt?
2. Könnte im Essen ein höherer Sinn liegen?
3. Wodurch erhält das Trinken einen höheren Sinn?
4. Wie nennt man die Japaner gelegentlich?
5. Wann nehmen die Japaner sich besonders viel Zeit zum Essen?
6. Warum verzichtet die Autorin meistens auf den Pudding?
7. Worum bittet die Autorin ihre Tischnachbarn?
8. Welche Frage stellen die Leute ihr manchmal?

V. Wo steht das im Text?

1. Man glaubt, daß Selbstmord eine Sünde ist.
2. Möglicherweise ißt man nicht nur, um existieren zu können.
3. Die Leute glauben, daß das Gehirn der edelste Teil des Menschen ist.
4. Man spricht gern über die Funktion des Gehirns.
5. Die Verfasserin glaubt, daß die Japaner in der Beurteilung des Essens den Franzosen ähneln.
6. Die Verfasserin erinnert sich genau an die Worte, mit denen ihr bei ihrem ersten Deutschlandbesuch etwas zu essen angeboten wurde.
7. Wenn Japanern etwas gut schmeckt, nehmen sie sich besonders viel Zeit.
8. Die Autorin ißt keine Suppe, um gleich mit dem Hauptgang anfangen zu können.

VI. Ergänzen Sie die Verben:

1. Man kann auf das Essen nicht längere Zeit . . . . . .
2. Auch im Essen könnte ein höherer Sinn verborgen . . . . . .
3. Alkohol . . . . . auf das Gehirn.
4. Ein japanisches Stichwort . . . . .: „Wie man ißt, so . . . . . man."
5. Man . . . . . die Japaner gern als die „Preußen Asiens".

6. In ihrer Meinung über das Essen . . . . . die Japaner den Franzosen.
7. Die Worte „Das ist gesund" sind ihr im Gedächtnis . . . . . .
8. Wenn Japanern das Essen gut . . . . ., ... sie sich besonders viel Zeit.

VII. Zum Inhalt

1. Wie verstehen Sie den Satz „Auch im Essen könnte ein höherer Sinn verborgen liegen"?
2. Stellt man sich unter Japan eher ein asketisches oder ein genußfreudiges Land vor?
3. Wie erklären Sie es sich, daß man sich in Deutschland nicht viel Zeit zum Essen nimmt? (z. B. Arbeitstempo einer Industriegesellschaft, mangelnde Genußfähigkeit, religiöse Gründe oder Nachwirkungen davon).

VIII. Rekonstruieren Sie den Text in vereinfachter Form mit Hilfe folgender Stichwörter:

essen, um zu leben
Essen – Pflichtübung
vielleicht höherer Sinn im Essen
Wirkung des Alkohols
Ähnlichkeit Japaner – Franzosen
in Deutschland – Zeitersparnis beim Essen
Verzicht auf Suppe und Pudding
in Japan Essen klein geschnitten
häufige Frage an die Autorin

Michel Meyer

LV1

Ein Land ohne Feinschmecker

Der Deutsche ißt nicht, er ernährt sich. Bei Tisch ist, wie in der Fabrik oder im Geschäft, Zweckmäßigkeit oberstes Gebot. Es geht in erster Linie darum, „arbeitsbereit", „arbeitsfähig" zu sein. Deshalb ist das deutsche Frühstück auch sehr reichhaltig. Man nimmt üblicherweise Kaffee oder Tee, Gebäck, Eier, Wurst und Käse zu sich. Das ist eine ausgezeichnete Sache, die das berühmte „Leeregefühl" um elf Uhr ausschaltet. Mittags ißt man dann in der Werkskantine oder in der Schule irgend etwas, das nur sättigend zu sein hat. Meistens ist es ein Stück Schweinefleisch mit Gemüse und den unvermeidlichen Kartoffeln. Eine andere sehr verbreitete Speise: Erbsen-, Linsen- oder Bohnensuppe mit Würstchen. Am Abend ist die Speisenfolge ebenfalls nicht sehr originell: das ewige Butterbrot. Da werden dann etwa ein halbes Dutzend Butterbrote mit Wurst, Käse, Marmelade, harten Eiern und Dosenfisch – vornehmlich vor dem Bildschirm – verschlungen und mit Kaffee, Tee oder Bier hinuntergespült. Ein solches Abendessen genügt dem Deutschen. Die einzige Möglichkeit, aus diesem Ritual auszubrechen, besteht im Besuch eines der vielen chinesischen, französischen, italienischen oder Balkan-Restaurants der großen Städte. Eine gewisse Elite, der man immer mehr nacheifert, sucht häufig solche Lokale auf; allerdings mit keiner anderen Überzeugung als dem Snobismus, ein Phänomen, das mit der wachsenden Zahl der „Neureichen" verbunden ist.

Aus: M. Meyer, „Deutschland ein Spiegelbild", © Paul Zsolnay Verlag Gesellschaft m.b.H., Wien/Hamburg 1977

I. Notieren Sie bitte im Text. Wie beschreibt der Autor

1. das Frühstück?
2. das Mittagessen?
3. das Abendessen?

II. Fragen zum Verständnis

1. Weshalb ist das deutsche Frühstück reichhaltig?
2. Wie wird das „Leeregefühl" ausgeschaltet?
3. Was ist beim Mittagessen am wichtigsten?
4. Wann gibt es Kartoffeln?
5. Was steht sonst noch zur Wahl?
6. Wo wird das Abendessen häufig eingenommen?
7. Von welchem Ritual ist die Rede?
8. Wer besucht ausländische Restaurants?
9. Aus welchem Grund werden solche Lokale aufgesucht?
10. Womit hängt dies zusammen?

III. Was bedeuten folgende Ausdrücke im Text?

1. *oberstes Gebot*	a) das erste Angebot	☐
	b) das allerwichtigste	☐
	c) der Befehl von oben	☐
2. das *berühmte* Leeregefühl	a) bekannte	☐
	b) oft genannte	☐
	c) geschätzte	☐
3. *unvermeidlichen* Kartoffeln	a) unvergeßlichen	☐
	b) die immer dabei sind	☐
	c) die man besser nicht ißt	☐
4. das *ewige* Butterbrot	a) traditionelle	☐
	b) sehr alte	☐
	c) das sich immer wiederholt	☐

IV. Setzen Sie die fehlenden Verben ein:

1. Der Deutsche . . . . nicht, er . . . . . sich.
2. Es . . . . . darum, „arbeitsbereit" zu . . . . ..
3. Man . . . . .üblicherweise Kaffee oder Tee zu sich.
4. Abends werden ein halbes Dutzend Butterbrote . . . . . und mit Kaffee, Tee oder Bier . . . . ..
5. Ein solches Abendessen . . . . . dem Deutschen.
6. Die einzige Möglichkeit, aus diesem Ritual . . . . ., ... im Besuch eines ausländischen Restaurants.
7. Eine gewisse Elite, der man immer mehr . . . . ., ... häufig solche Lokale auf.

V. Geben Sie den Text in vereinfachter Form mit Hilfe folgender Stichwörter wieder:

Der Deutsche – nicht essen – sich ernähren;
Zweckmäßigkeit – bei Tisch;
arbeitsbereit und arbeitsfähig;
Frühstück – kein „Leeregefühl";
Mittagessen – sättigend;
Abends – Butterbrote;
Kaffee, Tee, Bier – trinken;
Die einzige andere Möglichkeit – ausländische Restaurants aufsuchen.

VI. Nehmen Sie zu folgenden Thesen Stellung:

1. Mehrere Aussagen in diesem Text sind aggressiv und unrichtig.
2. Man kann nicht von „dem Deutschen" sprechen.
3. Der Text enthält viele Klischees.

VII. Interviewen Sie einen Partner. Stellen Sie Fragen zu folgenden Punkten:

1. Was halten Sie von den Eßgewohnheiten in Deutschland?
2. Wie sieht ein „typisches" Frühstück, Mittag- oder Abendessen in Ihrem Land aus?

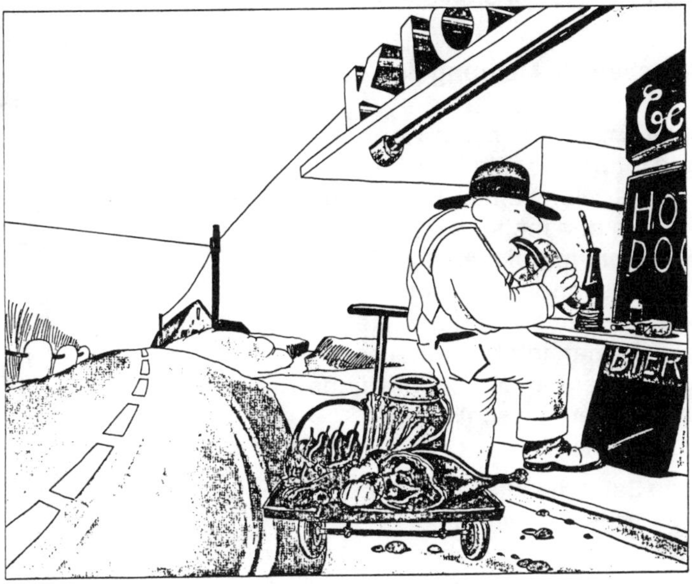

Aus: „Langers Landleben", © Heinrich Hugendubel Verlag, München 1981

Hans Weigel

HV1

Essengehen in Deutschland

I. Hören Sie den Text und kreuzen Sie an, welche Aspekte des Themas der Autor behandelt.

- ☐ Schwierigkeit, einfache und gute Lokale zu finden
- ☐ exotische Speisekarten
- ☐ Probleme mit Süßspeisen/Nachtisch
- ☐ Süddeutscher Rundfunk
- ☐ Einkauf von Lebensmitteln
- ☐ Verpackung der Lebensmittel
- ☐ Leser in Deutschland
- ☐ billige Lokale irgendwo draußen
- ☐ Angebot internationaler Speisen
- ☐ Restaurants mit deutscher Küche
- ☐ Bayerisches Bier

II. Hören Sie den Text noch einmal und beantworten Sie die folgenden Fragen:

1. Was kann köstlich sein?
2. Was findet man auch in kleinen Kneipen?
3. Was vermißt der Autor in vielen Restaurants?
4. Was aß der Autor in der Kantine?
5. Was fragte er die Serviererin?
6. Welche Produkte werden industriell verpackt?

7. Was wird es auch bald geben?
8. Wo und wie möchte der Autor gerne essen?
9. Welche Gerichte möchte er nicht haben?
10. Was für ein Essen wünscht er sich dagegen?

III. Welche Sätze geben die Meinung des Autors richtig wieder?

	richtig	falsch
1. In Deutschland ist Essengehen schwierig.	☐	☐
2. Man findet wenig internationale Speisen.	☐	☐
3. Überall gibt es Kalbs-, Schweine- und Rinderbraten.	☐	☐
4. Süßspeisen fehlen in den meisten Restaurants.	☐	☐
5. Es macht Spaß, Lebensmittel einzukaufen.	☐	☐
6. Die Verpackung ist besonders attraktiv.	☐	☐
7. Lokale irgendwo draußen sind nicht so teuer.	☐	☐
8. Nicht immer möchte man international essen.	☐	☐
9. Bürgerliche Gasthäuser mit deutscher Küche sind selten.	☐	☐
10. Das Biertrinken in Bayern ist schwierig.	☐	☐

IV. Erklären Sie die Satzteile, die kursiv hervorgehoben sind:

1. *Wo bleibt* der redliche Kalbsbraten?
2. Muß man *zum Zweck des Nachtisches* eine Konditorei aufsuchen?
3. Ich aß Fleisch mit Beilage, *wie sich's gehört.*
4. Von da zu den vorverdauten Speisen *ist's nur noch ein kleiner Schritt.*
5. Verzeihen Sie das harte Wort, *es wird nie wieder vorkommen!*

V. Sagen Sie das Gegenteil:

1. Der Käse ist *köstlich.*
2. Sie ist eine *redliche* alte Frau.
3. Seine Eltern waren *rechtschaffene* Leute.
4. Sein Vater war ein *wackerer* Arbeiter.
5. Ich aß eine *wohlgeratene* Platte.
6. Ich fragte die *liebenswürdige* Servierdame.
7. Es ist ein Erlebnis *angenehmster* Art.
8. Die *fabrikmäßig* hergestellten Produkte.
9. Das Restaurant war *teuer* und *appetitlich.*
10. Wir suchen ein *bürgerliches* Restaurant.
11. Sie ist eine *attraktive* Frau.
12. Ich möchte eine *x-beliebige* Zeitung.

VI. Was halten Sie von folgenden Thesen?

1. Was der Bauer nicht kennt, das ißt er nicht. (Sprichwort)
2. Essen ist ein wichtiger Teil jeder Kultur.
3. Liebe geht durch den Magen. (Sprichwort)
4. Man weiß noch nicht viel über ein Land, wenn man seine Küche kennt.

VII. Fassen Sie den Text mit Hilfe der folgenden Stichwörter schriftlich zusammen:

Essen in Deutschland – viele exotische Gerichte – aber wo Kalbs-, Rinder- und Schweinebraten? – Erlebnis in der Kantine – Süßspeise? – Einkauf von Lebensmitteln in Warenhäusern – Essen in einem normalen Restaurant! – keine ausländische Küche! – deutsche Gerichte! – schwer zu finden!

VIII. Wünschen Sie sich Ihre Lieblingsspeise zum Geburtstag.
Stellen Sie einen Küchenzettel zusammen (Vorspeise, Hauptgericht, Beilagen, Salate, Nachtisch, Getränke).

Peter O. Fischer

BT2

Ausländische Küche in Deutschland

Die Liesel sagt sich, wenn die Annemie heute Pizza macht, dann gibt's bei mir Paella. Sagt es, geht zur Kühltruhe und holt sich eine. Der Mann ißt ohnehin, was auf den Tisch kommt, der von der Liesel und der von der Annemie, deren Pizza ebenfalls aus der Tiefkühltruhe stammt. Die beiden wissen, daß das, was der Italiener oder der Spanier in seinem Lokal anbietet, auch nicht besser ist als das, was die Nahrungsmittelindustrie produziert. Zugegeben, wenn die Pizza beim Italiener frisch aus dem Ofen kommt, das duftet schon ganz schön, aber weiß man denn, wie es bei dem in der Küche zugeht? Ich möchte nicht wissen, wie oft der sich die Hände wäscht. So schön sie singen können, dreckig sind sie doch, die Italiener. Ich hab' mal zufällig in die Küche geschaut bei dem, ein heilloses Durcheinander. Bei mir gibt's sowas nicht. Wo keine Ordnung ist, kann's auch nicht sauber sein. Am liebsten gehe ich zu dem Italiener, der die Pizza im Schaufenster macht. Der gibt sich Mühe, weil man ihm auf die Finger sehen kann. Eine deutsche Aufsicht müßte in den Ausländerlokalen sein, dann würde ich sogar beim Türken essen gehen. Die Spanier, die gehen grade noch, aber die Türken, nein. Eigentlich verstehe ich nicht, warum die Italiener bei uns so dreckig sind. Im letzten Urlaub, wo wir wieder in Italien waren, war ich doch erstaunt, wie sauber das Hotelzimmer war. Sogar das Klo. Ich sag' dir, blitzblank, das reinste Vergnügen. Wahrscheinlich ein Einzelfall. Aber komisch ist es doch. Im vorletzten Jahr hatten wir auch ein sauberes Hotel, und in Spanien, da ging's ebenfalls ordentlich zu. Bei den Jugos auch. Kannst du dir erklären, warum die bloß bei uns so dreckig sind?

Überlegungen in dieser Manier sind ein wichtiger Bestandteil des deutschen (West) Umgangs mit den fremden Speisen. Man ist pingelig. Man ist maßvoll. Man soll nicht übertreiben. Der ordentliche deutsche Esser ißt gemäßigt und mit Ernst. Genuß verdirbt er sich mit dem schlechten Gewissen. Ohne Maßlosigkeit ist der Genuß aber niemals vollkommen. Und dabei ist Maßlosigkeit nicht das Privileg derjenigen, die über viel Kleingeld verfügen; und viel Kleingeld ist keine Garantie für Genuß. Den leidenschaftlichen Esser gelüstet es, gelegentlich zum großen Fressen auszuholen.

Aus: Peter O. Fischer, „Vom Essen der Fremden Speisen" in: Kursbuch 62 „Vielvölkerstaat Bundesrepublik", Kursbuch Verlag, Berlin 1980

I. Lesen Sie den Text durch und schlagen Sie die unbekannten Wörter nach. **HA**

II. Was sagt Liesel?
1. Was sagt sie über die frische Pizza des Italieners?
2. Was denkt sie über seine Sauberkeit?
3. Was hat sie in der Küche des Italieners festgestellt?
4. Was denkt sie über Ordnung und Sauberkeit?
5. In welches italienische Restaurant geht sie am liebsten?
6. Wann würde sie auch in ein türkisches Restaurant gehen?

7. Worüber war sie in ihrem letzten Urlaub erstaunt?
8. Was hatte sie im vorletzten Jahr festgestellt?
9. Wie beurteilt sie die Hotels in Spanien und Jugoslawien?

III. Welche Satzteile gehören zusammen?

1. Der Mann ißt ohnehin
2. Annemies Pizza
3. Die Pizza beim Italiener duftet schön
4. Wo keine Ordnung ist
5. Der Italiener gibt sich Mühe
6. Wenn die Ausländerlokale eine deutsche Aufsicht hätten
7. In Italien hatten wir ein sauberes Hotel
8. Nicht nur die sind maßlos

a) wenn sie aus dem Ofen kommt.
b) was auf den Tisch kommt.
c) stammt aus der Tiefkühltruhe.
d) weil man ihm auf die Finger schauen kann.
e) würde ich sogar in einem türkischen Restaurant essen gehen.
f) kann's auch nicht sauber sein.
g) die viel Kleingeld haben.
h) was die Nahrungsmittelindustrie produziert.
i) und in Spanien ging's ebenfalls ordentlich zu.

IV. Nehmen sie zu folgenden Thesen Stellung:

1. Was Liesel sagt, kommt aus einer beschränkten Kleinbürgerperspektive.
2. Deutsche Hotels und Restaurants sind nicht sauberer als in anderen Ländern.
3. Man ist in anderen Ländern immer kritischer als im eigenen.
4. Die Deutschen sind maßvoll im Essen, weil ihre Küche nicht gut ist.
5. Die Deutschen haben nicht genug Phantasie für eine gute Küche, darum gibt es so viele ausländische Restaurants.

HA **V. Trennen Sie die Wörter und setzen Sie die Satzzeichen:**

Lieselholtsicheinepizzaausdertiefkühltruheausderauchannemiespizzastammt
wasinspanischenunditalienischenrestaurantsangebotenwirdistauchnicht
besseralsdieproduktedernahrungsmittelindustriediepizzadesitalienersduftet
schönabermanweißnichtwieesinseinerküchezugehtwenneseinedeutscheaufsicht
inausländerlokalengäbewürdelieselauchineintürkischesrestaurantgehen
siewarüberraschtwiesauberdiehotelsimletztenjahrinitalienspanienundjugoslawien
waren.

Wolfram Siebeck

Wie wird in Deutschland gekocht?

I. Kreuzen Sie bitte an, was der Text sagt:

	richtig	falsch
1. Eine spezifisch deutsche Küche gibt es nicht.	☐	☐
2. Die Deutschen halten nicht viel von Auslandsreisen.	☐	☐
3. Herr Siebeck meint, im Vergleich zu anderen Ländern sei Deutschland kulinarisch unterentwickelt.	☐	☐
4. Es gibt eine Diskussion darüber, ob man in Frankreich oder Italien besser ißt.	☐	☐
5. Widersprüche sind typisch für das deutsche Volk.	☐	☐
6. Ein Teil der Bevölkerung kann sich keine feine Küche vorstellen.	☐	☐
7. Im Supermarkt kaufen die Leute schlechte Waren, weil sie kein Geld haben.	☐	☐
8. Die Leute mögen das Essen zu Haus am liebsten.	☐	☐
9. Nur im Elternhaus wurde miserabel gekocht.	☐	☐
10. Die Küche der Groß- und Urgroßeltern war besser als die der Eltern.	☐	☐
11. In Deutschland fehlte immer die internationale Große Küche.	☐	☐
12. Die Qualität der deutschen Küche hängt mit den politischen und wirtschaftlichen Verhältnissen zusammen.	☐	☐
13. Verfeinertes Essen war nie die Hauptsorge der Deutschen.	☐	☐

II. Verbinden Sie die Satzteile so, daß sich sinnvolle Aussagen des Hörtextes ergeben:

1. Verregnete Sommer	a) war die Küche im Elternhaus des Sprechers miserabel.
2. Die Deutschen reisen auch deshalb viel ins Ausland	b) wie unkritisch die Leute einkaufen.
3. Es gibt nur wenige Länder in Europa	c) als die Verfeinerung der Speisen.
4. Einerseits findet man gastronomische Spitzenleistungen	d) daß man damals gut zu kochen verstand.
5. In Supermärkten kann man beobachten	e) die eine hohe Eßkultur haben.
6. Wenn man nach heutigen Maßstäben urteilt	f) andererseits ist die durchschnittliche Küche trostlos.
7. Nach der Bilanz des Sprechers	g) weil ihr Land klimatisch und kulinarisch nicht so viel bietet.
8. Speisekarten und Kochbücher vom Anfang des Jahrhunderts zeigen	h) gehören zum deutschen Wetter.
9. Die wohlhabenden Bürger kochten keine spezifisch deutsche Küche	i) steht Deutschland an 5. Stelle.
10. In wirtschaftlichen Notzeiten gibt es andere Sorgen	j) sondern eine internationale Große Küche.

III. Weiterführende Fragen zum Inhalt

1. Welchen Einfluß haben Klima und geographische Lage auf die Eßgewohnheiten?
2. Woran erkennt man eine verfeinerte Küche?
3. Wie erklärt sich das irrationale Bekenntnis „Bei Mutter schmeckt's am besten!"?
4. Welche historischen Gründe gibt es dafür, daß die Küche der Groß- und Urgroßeltern in Deutschland besser war, als die der Eltern?
5. An welche Notzeiten denkt der Sprecher wohl?
6. Gibt es in Ihrem Land eine typische Küche?
   Wie würden Sie diese charakterisieren?

IV. Geben Sie den gehörten Text in kurzer Form wieder. Die folgenden Stichwörter sollen Ihnen dabei helfen:

Deutschland klimatisch und kulinarisch nicht bevorzugt
einige Länder größere Eßkultur
einerseits Spitzenleistungen, andererseits trostloser Durchschnitt
Beobachtungen im Supermarkt
„Bei Mutter schmeckt's am besten!"
Küche im Elternhaus miserabel
Groß- und Urgroßeltern kochten besser
politisch/wirtschaftliche Gründe, z. B. Notzeiten

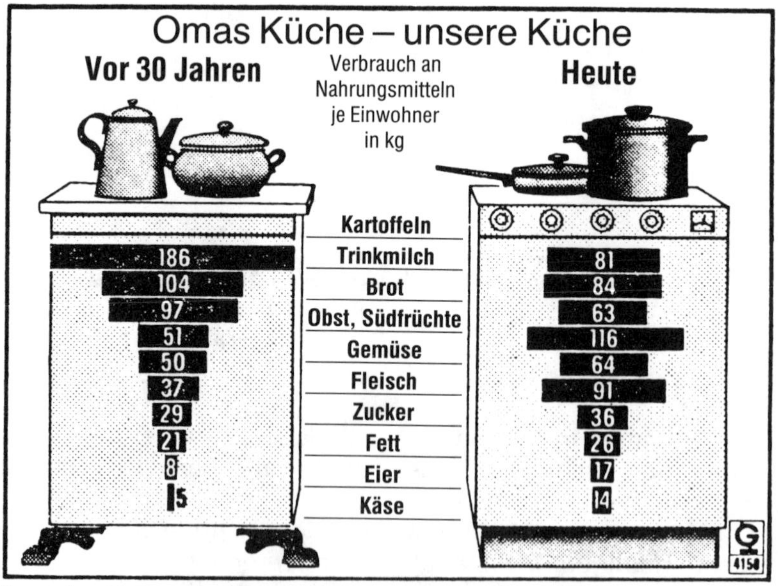

Einst eine Nation von Kartoffelessern sind die Deutschen heute ein Volk von Feinschmeckern. Mehr als verdoppelt haben sich die Verbrauchsmengen von Fleisch, Eiern und Käse – ein untrügliches Wohlstandsmerkmal. Tierisches Eiweiß gehört zu den teuersten Nahrungsmitteln. Nicht nur das, die Deutschen sind auch auf dem Gesundheitstrip – als ausgesprochene Obstesser.

Grafik: Globus

Fragen

1. Welche Nahrungsmittel verbrauchten die Deutschen vor 30 Jahren
   a) mehr? b) weniger?

2. Inwieweit sagt diese Änderung im Verbrauch etwas über die Verfeinerung der Küche?
3. Spielt das Klima – wegen der damit verbundenen landwirtschaftlichen Produktion, z. B. bei Gemüse – eine Rolle in der Qualität der Küche?
4. Gibt es eine Beziehung zwischen allgemeinem Lebensstandard und Qualität der Küche?

Nahrungsmittelversorgung in der Bundesrepublik Deutschland

Die deutsche Landwirtschaft leistet trotz erheblichen Rückgangs ihrer Arbeitskräfte weiterhin einen entscheidenden Beitrag zur Nahrungsmittelversorgung der einheimischen Bevölkerung. Im Wirtschaftsjahr 1977/78 wurde nach Mitteilung des Bundesernährungsministeriums der Nahrungsmittelverbrauch in der Bundesrepublik Deutschland zu 72 % aus der inländischen Erzeugung gedeckt. Bezieht man in die Berechnung noch die Nahrungsmittelproduktion aus eingeführtem ausländischem Futter ein, dann lag der Selbstversorgungsgrad sogar bei 88 %.

Der Grad der Selbstversorgung ist bei den einzelnen Produkten unterschiedlich und unterliegt im Zeitverlauf naturbedingten Schwankungen. Eine den Inlandsverbrauch regelmäßig erheblich überschreitende Erzeugung ist bisher bei Zucker, Magermilchpulver, Butter und Schlachtfetten zu verzeichnen. Im Wirtschaftsjahr 1977/78 ging die Zuckerproduktion um 29 % über den Verbrauch hinaus. Noch massiver war die Überschußproduktion bei Butter. Sie überstieg den Eigenbedarf um 32 %.

Hohe Quoten der Selbstversorgung ergaben sich 1977/78 auch bei Rindfleisch mit 92 % und bei Kartoffeln mit 94 %. Trotz eines weiterhin hohen Schweinebestandes ging die Versorgung mit Schweinefleisch seit Ende der 60er Jahre von 95 % kontinuierlich auf 85 % im Jahre 1977/78 zurück. Den gesamten Getreideverbrauch in der Bundesrepublik Deutschland konnte die deutsche Landwirtschaft dagegen zunehmend aus der Eigenproduktion decken, den Brotgetreideverbrauch sogar vollständig. Auch bei Eiern und Eiererzeugnissen wurde mit 78 % ein beachtlicher Selbstversorgungsgrad erreicht.

Unzureichend blieb noch immer die Eigenversorgung mit Gemüse, Obst und Geflügel. Das in der Bundesrepublik Deutschland 1977/78 verbrauchte Gemüse stammte nur zu 36 %, das Obst zu 42 % aus der inländischen Erzeugung. Hierbei muß allerdings berücksichtigt werden, daß sich der Obstverbrauch auch auf tropische Früchte erstreckt, die zwangsläufig eingeführt werden müssen. Einfuhren waren gleichfalls bei Geflügel erforderlich, da hier die Eigenversorgung im letzten Jahrzehnt nur geringfügig von 49 % auf 55 % gesteigert werden konnte.

In den meisten EG-Ländern ist der Selbstversorgungsgrad mit Nahrungsmitteln noch höher als in der Bundesrepublik. Wenn man bedenkt, daß hier nur etwa 6 % der Erwerbstätigen in der Landwirtschaft beschäftigt sind, so spiegelt sich im erreichten Selbstversorgungsgrad ein hervorragendes Leistungsergebnis der deutschen Landwirtschaft wider.

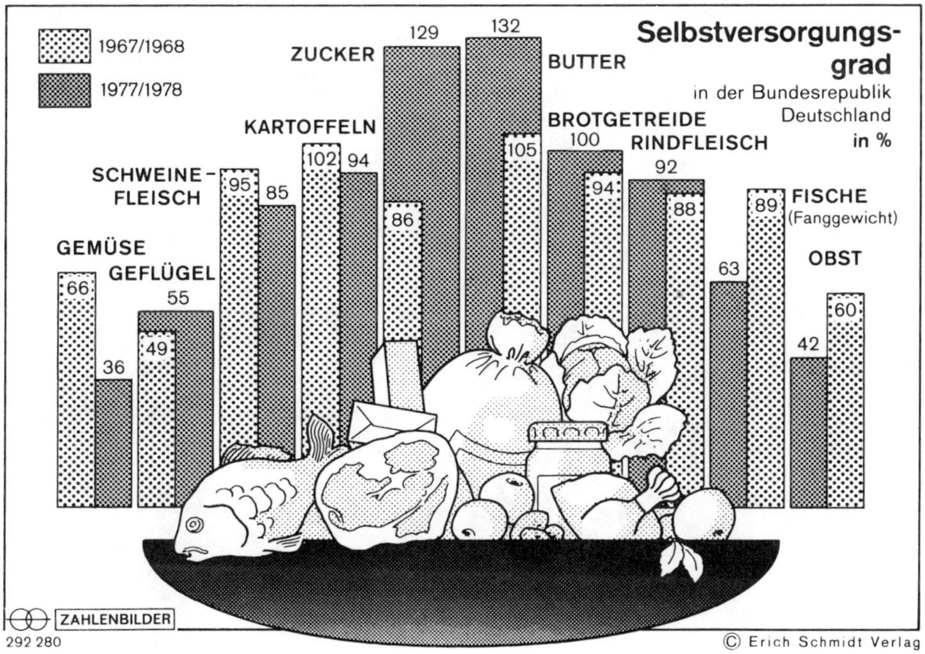

2

Fragen

1. Ist die Produktion von Obst und Gemüse innerhalb der angegebenen 10 Jahre gesunken?
2. Vergleichen Sie die Produktion von Kartoffeln innerhalb der 10 Jahre.
3. Wie kann man erklären, daß 1977/78 nicht genug Kartoffeln produziert wurden, obwohl der Verbrauch gesunken ist?
4. Welche Fragen haben *Sie* im Zusammenhang mit der Statistik?

Zum Brückenwirt

Gutbürgerliche Gaststätte

F l e i s c h s p e z i a l i t ä t e n . . .

... vom Schwein:	Braten m. Rotkohl u. Püree	12.--
	Schnitzel paniert m. gem. Salat	12.--
	Schnitzel paniert m. Pommes frites u. Salat	12.--
	Schnitzel "Zigeuner Art" (Paprika u. Gurke) m. Bratkartoffeln u. Salat	13.80
	Kotelett paniert od. natur m. Pommes frites u. Salat	14.--
	Paprikaschnitzel m. hausgem. Spätzle u. Salat	14.--
	Lendchen "Ungarisch" m. Reis u. Salat	18.40
	Berner Ratsherrentopf (3 kl. Filets auf Bratkartoffeln) m. Salat	18.40
... vom Rind:	Goulasch "Ungarisch" m. Teigwaren u. Salat	12.50
	Wiener Rostbraten m. Bratkartoffeln u. Salat	17.80
	Rumpsteak m. Sahnemeerrettich u. Pommes frites	17.80
	Rumpsteak m. grünen Bohnen u. Pommes frites	17.80
	Rumpsteak m. Kräuterbutter, Pommes frites u. Salat	17.80
	Filetsteak m. fr. Champignons, Pommes frites u. Salat	21.--
	Filetsteak "Lukullus" (m. Ananas u. Käse überbacken) m. Pommes frites	21.--
	Filetsteak nach Art des Hauses, reich garniert m. feinem Gemüse, Pommes frites u. hausgem. Spätzle	23.--
	Mixed Grill für 2 Personen m. grünen Bohnen u. Pommes frites	40.--
	Brückenwirtplatte für 2 Personen (versch. Filets am Spieß) m. feinem Gemüse umlegt, Pommes frites u. hausgem. Spätzle	44.--

Kapitel 3 – Wohnen

Seit dem Ende des Zweiten Weltkrieges wanderten über 10 Millionen Menschen aus den östlichen Gebieten des ehemaligen Deutschen Reiches und aus einigen osteuropäischen Ländern in die Bundesrepublik zu. Hinzu kamen später über vier Millionen Ausländer.

In manchen Großstädten waren über 50% der vorhandenen Wohnungen durch Bombardierung und Kampfhandlungen zerstört.

Seit der Gründung der Bundesrepublik wurden über zwei Drittel der heute vorhandenen Wohnungen gebaut. Dennoch fehlt es immer noch an geeignetem Wohnraum. Man darf in diesem Zusammenhang allerdings auch nicht übersehen, daß die Ansprüche der Bevölkerung sehr gestiegen sind. Man erwartet eine bessere Ausstattung und auch eine größere Wohnfläche. Es ist auch nicht selten, daß eine große Drei- oder Vierzimmerwohnung von einer oder von zwei Personen genutzt wird.

Vor allem in einigen Großstädten ist die Situation aber sehr schwierig. Ein Blick in die in München, Frankfurt, Hamburg und in anderen Großstädten erscheinenden Tageszeitungen genügt, um deutlich zu machen, daß ein Normalverdiener mehr als ein Drittel seines Gehalts für eine geeignete Wohnung ausgeben muß.

Helga M. Novak/Horst Karasek

Wohnhaft im Westend

HV1

I. Vorinformation

1. Um den Hörtext zu verstehen, muß man folgende Wörter verstehen: Westend (Frankfurt) Sanierung – Altbau/Neubau – Abriß – Entmietung
2. Der Hörtext hat zwei Teile:
   a) die allgemeine Situation und Entwicklung im Westend
   b) persönliche Erfahrungen des Erzählers

II. Füllen Sie die Raster mit Hilfe der gehörten Informationen aus:

a) *das Westend*

	früher	heute
Zustand des Viertels		
Kategorie der Bewohner		
Funktion/Nutzung		
Renovierung		
Wert/Mieten		

b) *Unkosten für ein Zimmer*

		DM
Wieviel bezahlt der Mieter für Zimmermiete		________
	Umlage	________
	Strom	________
	Zählergebühr	________
	Mehrwertsteuer	________
Rechnen Sie diese Beiträge zusammen:		________

III. Was passiert im Westend?

1. Haus für Haus wird . . . . .
2. Bevor sie verkaufen, lassen vernünftige Besitzer die Häuser innen und außen . . . . .
3. Die Kosten dafür tragen die . . . . .
4. Wenn ein Haus renoviert wird, bekommt jedes Zimmer . . . .
5. Den alten Mietern wird . . . . .
6. Sie müssen in andere, meist viel teurere Wohnviertel . . . . .

IV. Erinnern Sie sich an diese Personen? Sagen Sie kurz, was sie getan haben:

1. Der Makler . . . . .
2. Die Wirtin . . . . .
3. Der Italiener . . . . .
4. Horst . . . . .

V. Wie findet sie ihre Wohnung vor, nachdem sie eine Woche verreist war?

1. Die Haustür ist	a) sind verbogen.
2. Die Buchdeckel	b) unter einer Schicht Staub.
3. Die Lichtleitungen	c) mit einem nassen Lappen abgewischt.
4. Die Zimmertür	d) auf Sand.
5. Sie stolpert	e) aus den Angeln gehoben.
6. Die Bücher liegen	f) über einen Sack Zement.
7. Einige Bücher wurden	g) steht offen.
8. Sie tritt	h) sind herausgerissen.

VI. Was möchten die Hausbesitzer wissen?

1. Sie fragen	(Referenzen)
2. Sie verlangen	(Verdienstbescheinigungen)
3. Sie erkundigen sich	(festes Arbeitsverhältnis)
4. Sie interessieren sich	(Heiratsurkunde)

VII. Weiterführende Fragen zum Inhalt

1. Wie erklärt es sich, daß immer mehr Wohnviertel durch Bürohäuser, Banken, Geschäfte verdrängt werden?
2. Welche Folgen hat diese Entwicklung für die Städte?
3. Wie könnten sich die betroffenen Mieter wehren?
4. Was halten Sie davon, daß sich die Vermieter über die persönlichen Lebensverhältnisse ihrer Mieter informieren?

Warum nicht auf dem Land leben?

BT1

Es hat manchen Vorteil, auf dem Land zu leben: Die Luft ist besser und die Natur näher. Jeder kennt jeden. Häufig wohnen mehrere Generationen unter einem Dach. Wenn man Glück hat, liegen Wohnung und Arbeitsstelle nahe zusammen.

Früher war das Leben in der Stadt und auf dem Land kaum vergleichbar. Heute haben sich die Unterschiede verringert, aber sie sind immer noch sichtbar. Von vielen wird das Leben in Dörfern und kleinen Orten positiv bewertet. Vor wenigen Jahrzehnten wurde es noch als großer Nachteil angesehen. Leuten aus ländlichen Gebieten fehlte es – so meinte man – an Lebensart und Urbanität. ,,Bäurisch" oder ,,kleinstädtisch" waren immer negative Qualitäten. Aber das Verhältnis zum Land als Wohn- und Arbeitsort hat sich grundlegend geändert. Diese gewandelte Einschätzung darf nicht übersehen werden. Ein Fünftel der Bevölkerung der Bundesrepublik lebt heute in Gemeinden unter 2000 Einwohnern. Das heißt keineswegs, daß sie alle in der Landwirtschaft tätig sind. Diese beschäftigt nur noch sieben von 100 Erwerbstätigen. Wie in anderen europäischen Ländern gibt es auch in der Bundesrepublik Gruppen von jungen Leuten, die einen alten Bauernhof oder eine leerstehende Scheune mieten, um von einer handwerklichen Tätigkeit oder der Produktion besonderer landwirtschaftlicher Güter zu leben. Es sind alternative Lebensversuche. Zahlenmäßig spielen sie keine große Rolle, aber auch sie zeugen von einer veränderten Einstellung zum Dorf.

Und die Nachteile des Landlebens?

Man verdient weniger Geld, vor allem in abgelegenen Gebieten. In den öffentlichen und privaten Versorgungsbereichen, dazu gehören z. B. Kindergarten und Schule, Geschäfte, Kinos und Restaurants, ist man benachteiligt. Die Versorgungsleistungen, also ärztliche Behandlung, Krankenhäuser und Altersheime, sind schlechter als in der Stadt. Die Berufs- und Einkommenschancen sind wesentlich geringer. Viele Berufsgruppen können auf dem Land keine angemessene Arbeit finden. Man ist isolierter, weil die Verkehrsverhältnisse schlechter sind. Das kulturelle Angebot ist eindeutig geringer. Auf Theater, Konzerte, Museen und Bibliotheken muß man weitgehend verzichten. Wer das nicht kann, ist für das Landleben nicht geboren. Er würde sich zu Tode langweilen.

I. Bereiten Sie den Text vor, und schlagen Sie die unbekannten Wörter nach.

HA

II. Welche Aussage stimmt mit dem Text überein?

(Eine Lösung ist richtig)

1. Manche Leute haben Vorteile, wenn sie auf dem Land leben. [a]
   Es ist vorteilhaft, wenn man auf dem Land lebt. [b]
   In manchen Gegenden lebt man auf dem Land gut. [c]
2. Früher ließ sich das Leben in der Stadt und auf dem Land gut vergleichen. [a]
   Man verglich früher das Leben in der Stadt mit dem Leben auf dem Land. [b]
   Früher unterschieden sich das Leben in der Stadt und das Leben auf dem Land sehr. [c]

3. 80 Prozent der Bevölkerung der Bundesrepublik leben heute in Gemeinden unter 2000 Einwohnern. [a]
   Jeder fünfte Einwohner der Bundesrepublik lebt heute in einer Gemeinde unter 2000 Einwohnern. [b]
   Vier von fünf Einwohnern der Bundesrepublik leben heute in Gemeinden unter 2000 Einwohnern. [c]
4. Es gibt viele Gruppen von jungen Leuten, die alternativ leben. [a]
   Die Gruppen von jungen Leuten, die alternativ leben wollen, sind nicht sehr zahlreich. [b]
   Die Gruppen von jungen Leuten, die alternativ leben, produzieren nicht viel. [c]
5. Die Leute, die nicht auf dem Land geboren wurden, können nicht auf kulturelle Veranstaltungen verzichten. [a]
   Wenn jemand nicht auf dem Land leben kann, kann er auch nicht auf kulturelle Veranstaltungen verzichten. [b]
   Man kann nur auf dem Land leben, wenn man auf kulturelle Veranstaltungen verzichten kann. [c]

III. Zum Verständnis

1. Wer wohnt oft zusammen?
2. Wie sahen viele Leute das Leben auf dem Dorf und in kleinen Orten an?
3. Was fehlte den Leuten vom Land nach Meinung der Städter?
4. Wie viele Leute arbeiten heute in der Landwirtschaft?
5. Wovon leben die Gruppen von jungen Leuten auf dem Land?
6. Wo verdient man weniger Geld?
7. Wie sind die Verkehrsverhältnisse auf dem Land, und welche Folgen hat das?
8. Worauf muß man auf dem Land verzichten?

IV. Steht das im Text? Wo?

1. Alle Leute kennen sich.
2. Man hat keinen weiten Weg zum Arbeitsplatz, wenn man Glück hat.
3. Vor nicht langer Zeit meinte man, daß das Leben auf dem Land viele Nachteile hat.
4. Man denkt heute über das Land als Wohn- und Arbeitsort völlig anders.
5. Die Leute, die auf dem Land wohnen, arbeiten auch in der Landwirtschaft.
6. Auch in der Bundesrepublik gibt es Gruppen von jungen Leuten, die auf alternative Weise von einem Handwerk oder von der Landwirtschaft leben.
7. Mit Kindergärten und Schulen, Geschäften, Kinos und Restaurants ist man in der Stadt besser versorgt.
8. Für Alte und Kranke wird auf dem Land besser gesorgt als in der Stadt.

V. Wie steht das im Text?

1. Heute sind die Unterschiede kleiner, aber man kann sie immer noch sehen.
2. Man muß einsehen, daß sich diese Einschätzung geändert hat.
3. Man hat schlechtere Aussichten, einen geeigneten Beruf zu finden und genügend Geld zu verdienen.
4. Für viele Berufe bietet das Land keine Arbeitsmöglichkeiten.
5. Es werden viel weniger kulturelle Veranstaltungen angeboten.
6. Er würde vor Langeweile sterben.

VI. In welche Abschnitte würden Sie den Text gliedern? Geben Sie jedem Abschnitt eine Überschrift.

VII. Fassen Sie den Inhalt jedes Abschnittes in Stichworten zusammen.

VIII. Gebrauchen Sie in den folgenden Sätzen die angegebenen Wörter und Wendungen, und führen Sie begonnene Sätze fort:

1. Wenn man Glück hat, liegen Wohnung und Arbeitsstelle nahe zusammen.
   a) arbeiten
   b) wohnen
   c) Entfernung
2. Früher war das Leben in der Stadt und auf dem Land kaum vergleichbar.
   a) können
   b) lassen
   c) Es war früher nicht möglich, ...
3. Heute haben sich die Unterschiede verringert, aber sie sind immer noch sichtbar.
   a) kleiner
   b) sehen
   c) obwohl
4. Das heißt keineswegs, daß sie alle in der Landwirtschaft tätig sind.
   a) Folgerung
   b) schließen
   c) arbeiten
5. Zahlenmäßig spielen sie keine große Rolle, aber auch sie zeugen von einer veränderten Einstellung zum Dorf.
   a) unwichtig
   b) Beweis
   c) . . . . ., aber auch sie zeugen davon, ...
6. Man ist isolierter, weil die Verkehrsverhältnisse schlechter sind.
   a) wegen
   b) deshalb

IX.

Stellen Sie sich vor, Sie suchen eine neue Wohnung, und Freunde informieren Sie davon, daß in einem Dorf eine gute und preiswerte Wohnung angeboten wird. Da die Freunde selbst auf dem Land wohnen und die Verhältnisse kennen, unterhalten Sie sich über die Vor- und Nachteile des Lebens auf dem Land.
Wie könnte das Gespräch aussehen?

X.

Würden *Sie* gern auf dem Land leben? Warum (nicht)?
Äußern Sie sich dazu wahlweise schriftlich, oder suchen Sie sich in einer Gruppe Partner, die die gleiche Meinung wie Sie haben.
Sammeln Sie Ihre Argumente, notieren Sie sie, und tragen Sie diese in der Klasse vor.

3

XI. **Geben Sie eine Zusammenfassung:**

Landleben
↓
positive Merkmale
↓
negative Merkmale
↓
Bedeutung für die
Bundesrepublik
↓
Einschätzung durch
Städter
↓
Bedürfnis ernstnehmen,
aber Nachteile korrigieren

XII. **Übernehmen Sie die Rolle eines Städters oder eines Landbewohners und verteidigen Sie das Leben auf dem Land, bzw. in der Stadt.**

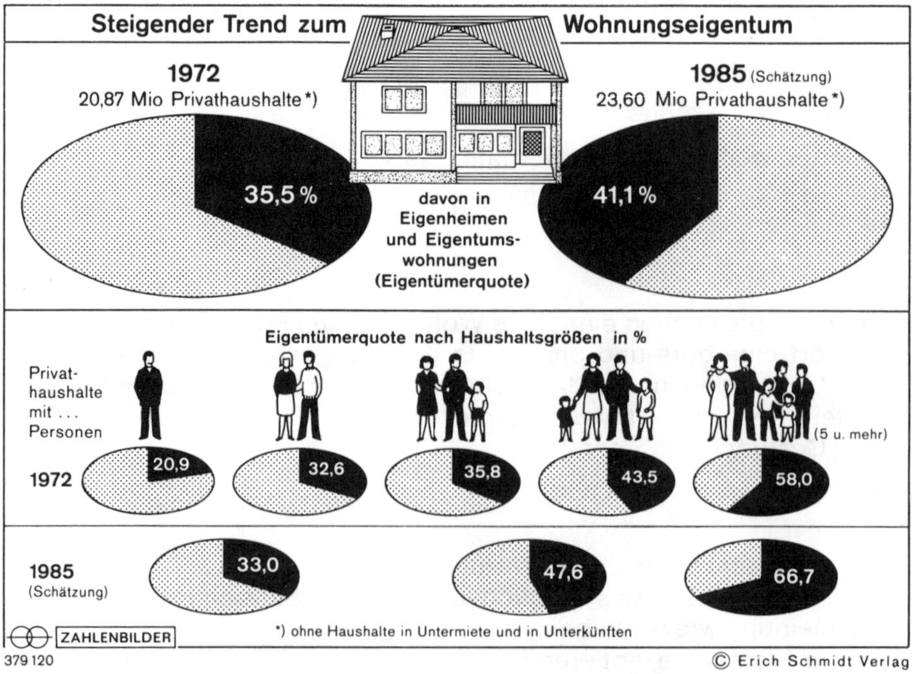

Der Trend zum Eigenheim und zur Eigentumswohnung hält in der Bundesrepublik weiterhin an. Zu diesem Ergebnis kommt das Deutsche Institut für Wirtschaftsforschung (DIW) Berlin, das eine Analyse über die längerfristige Entwicklung der Wohnungsnachfrage vorgelegt hat.

Die Wohnungsnachfrage, so stellt das DIW fest, wird hauptsächlich durch die Zahl der Haushalte, deren Struktur und deren Realeinkommen bestimmt. Analysen der Wohnungsstichproben von 1965 und 1972 haben ergeben, daß mit dem Einkommen die Quote der Eigentümerhaushalte gestiegen sei und zugleich auch die Wohnungsansprüche zugenommen hätten. Auch für die nächsten zehn Jahre erwartet das Institut einen weiteren deutlichen Zug zum Wohnungseigentum.

Die Zahl der Eigentümerwohnungen wird nach Schätzungen des DIW von 1972 bis 1985 um 2,3 Mio zunehmen. Da bis 1976 bereits 0,6 Mio hinzugekommen sind, müßten bis 1985 noch 1,7 Mio Eigentümerwohnungen neu errichtet werden. Das entspräche in diesem Bereich einer Jahresbauleistung von gut 200 000 Wohneinheiten.

Bereits im Jahre 1972 lag die Eigentümerquote in der Bundesrepublik bei 35,5 %. Von insgesamt 20,87 Mio Privathaushalten, die eine Wohnung innehatten, verfügten 7,41 Mio, also gut ein Drittel, über ein Eigenheim oder eine Eigentumswohnung in Mehrfamiliengebäuden. Etwa 13,46 Mio Haushalte wohnten zur Miete, wobei Haushalte in Untermiete und in Unterkünften nicht berücksichtigt wurden. Die Untersuchung des DIW zeigt, daß der Eigentumsstatus stark von der Haushaltsgröße beeinflußt ist. Bei Zwei-Personenhaushalten betrug 1972 die Eigentümerquote 32,6 %, bei größeren Haushalten (fünf und mehr Personen) hingegen 58,0 %.

Nach Schätzungen des Forschungsinstitutes wird sich bis zum Jahre 1985 die Eigentümerquote im Durchschnitt auf 41,1 % erhöhen. Während die Zahl der Privathaushalte in Mietwohnungen nach den Vorausberechnungen lediglich um 460 000 auf 13,9 Mio steigen soll, wird eine beträchtliche Zunahme der Zahl der Wohnungseigentümerhaushalte um rund 2,3 Mio auf 9,7 Mio erwartet. Gestaffelt nach Haushaltsgrößen zeigt sich eine ähnliche Differenzierung wie im Jahre 1972. Rund ein Drittel (33 %) der Ein- und Zwei-Personenhaushalte wird dann in den eigenen vier Wänden wohnen. Für Haushalte mit drei und vier Personen soll sich eine Eigentümerquote von 47,6 % und für größere Haushalte eine Quote von 66,7 % ergeben.

Eberhard Holz: Reihenhäuslers Statussymbol

3

LV *Norbert Klugmann*

Einfach leben

Alternative wollen einfach leben. Einfach leben heißt, befreit von Luxus, Ballast, Plastik. Ein alternativer Wohnraum ist ein schönes Viereck zum Drinleben. Das kommt daher, daß in ihm nicht sehr viel los ist, was in Gegenständen Ausdruck findet. Das Bett ist groß genug für zwei und häufig selbst gebaut. Tagsüber liegt eine farbenfrohe Decke darauf und manchmal Kissen. Der Schreibtisch ist klein; er ist kein Arbeitsplatz im Kursbuchlesersinn. Auf Regalen an der Wand stehen wenige Bücher, die häufig aus der Schul- und Ausbildungsphase stammen.

Der Gesamteindruck: karg, aber nicht ärmlich; ärmlich, aber warm; warm, aber nicht füllig. Prachträume sind die Küchen. Häufiger als die Gemeinschaftsräume stellen sie das Flaggschiff der Wohnungen und Häuser dar. Besuch, wenn er kommt, geht direkten Weges in die Küche und verläßt sie für die Dauer der Anwesenheit in der Wohnung nicht. Wenn er wieder geht, hat er das Gefühl, in der Wohnung gewesen zu sein und nicht nur in der Küche. Mit Gemeinschaftsräumen ist das so eine Sache. Sie sind Anspruch, darum ist ihre Einrichtung in der Anfangszeit obligatorisch, Pionier-Pflicht, wenn der Platz es zuläßt. Notwendig ist, was sich darin ereignet. Nicht notwendig ist, daß es sich in einem Gemeinschaftsraum ereignet. Jedes Zimmer oder eben die Küche können seine Funktion übernehmen. Wenn ein Gemeinschaftsraum zum Fernsehzimmer verkommt, sollte man ihn auch so nennen, gemeinschaftlich ist es nicht, was dann dort geschieht.

Wenn Volker im Raum sitzt und liest und Sigrid dazu kommt, sich aufs Sofa fallen läßt, die Beine hochlegt und die Augen schließt, gefolgt von Maria und Ingrid, die beides schaffen: sich zu erzählen, was sie sich zu sagen haben und das so leise, daß Sigrids Augenlider nicht zu zucken beginnen; wenn Hermann und Heino im Abstand von zwei Minuten erscheinen, der eine eine Zeitung suchend, um mit ihr aufs Klo zu verschwinden, wohl wissend, daß er eine mäßig ernsthafte Grundsatzdiskussion provoziert („Scheiß-Zeitung"), der andere auf der durch keinerlei Hemmungen gebremsten Suche nach Kurzweil, die er bei einem oder mehreren der im Raum Befindlichen findet; wenn das alles stattfinden kann, ohne daß ihnen auffällt, wie es stattfindet, dann ist ein Zustand der Gruppe vorhanden, der Zukunft erwarten läßt.

Aus: Norbert Klugmann, „Einfach Leben" in: Kursbuch 60 „Moral", Kursbuch Verlag, Berlin 1980

HA **I. Lesen Sie den Text genau durch.**

1. Notieren Sie in Abschnitt 1 und 2 die verschiedenen Räume, die genannt werden.
2. Unterstreichen Sie in Abschnitt 1 und 2
   a) wie ein alternativer Wohnraum aussieht,
   b) was über die Küchen gesagt wird,
   c) welche Bedeutung die Gemeinschaftsräume haben.

II. Notieren Sie, welche Personen in Abschnitt 3 genannt werden und was diese tun:

Name:	Was tut/sucht/will er/sie?
1.	
2.	
3.	

4.	
5.	
6.	

III. Fragen zum Verständnis

1. Was heißt für Alternative ,,einfach leben"?
2. Warum gibt es nur wenige Gegenstände im alternativen Wohnraum?
3. Welcher Raum ist meistens prächtiger, Gemeinschaftsraum oder Küche?
4. Wohin gehen die Besucher zuerst?
5. Mit welchem Gefühl verlassen Besucher die Küche?
6. Warum ist die Einrichtung der Gemeinschaftsräume so wichtig?
7. Was ist das wichtigste Merkmal eines Gemeinschaftsraums?
8. Was schaffen Maria und Ingrid?
9. Wodurch wird eine Grundsatzdiskussion provoziert?
10. Wann hat die Gruppe einen stabilen, harmonischen Zustand erreicht?

IV. Weiterführende Fragen zum Inhalt

Machen Sie sich Notizen und begründen Sie Ihre Meinung!

1. Welche Konflikte kann es in einem Gemeinschaftsraum/innerhalb einer Wohngemeinschaft geben?
2. Wie unterscheidet sich ,,alternatives Wohnen" von ,,normalem Wohnen"? Worin sehen Sie Vorteile oder Nachteile?
3. Was verstehen Sie unter dem Begriff eines ,,einfachen Lebens"?

V. Übung zur Syntax **HA**

Analysieren Sie die Struktur des 3. Abschnitts, der aus einer langen Satzperiode besteht. Unterstreichen Sie die einzelnen Sätze (Subjekt/Prädikat) und zeigen Sie, in welcher Abhängigkeit sie zueinander stehen!
Versuchen Sie, die Satzperiode graphisch darzustellen!

VI. Rollenspiel/Interview

1. Im Gemeinschaftsraum hat es Ärger gegeben. Suchen Sie sich einen Konfliktpunkt und diskutieren Sie mit den anderen. (vergl. dazu III/1.)
2. Überzeugen Sie einen älteren, traditionell eingestellten Menschen von den Vorteilen einer Wohngemeinschaft!
3. Interviewen Sie verschiedene Partner zu ihrer Meinung über ,,alternatives Wohnen", Wohngemeinschaften!

BT2 *Monika Zimmermann*

Die verplante Stadt

Stadtluft macht längst nicht mehr frei, dafür ist sie viel zu schlecht geworden mit all ihren Abgasen und Schmutzteilchen. Wer heute frei sein will, vor allem frei durchatmen will, der zieht aufs Land. Dort ist das Leben nicht nur gesünder, sondern viel billiger. Wohnen in der Stadt, zumal in der City, ist zu einem Luxus geworden, den sich nur mehr wenige leisten wollen und können. Vielleicht sind aus diesem Grund im Lauf der Jahre die Wohnungen in der Stadt immer weniger geworden, oder sind sie so teuer, weil sie so rar sind? Sind die Häuser so hoch, weil die Grundstücke so kostbar wurden, oder wuchsen die Gebäude wegen der Bodenpreise in die Höhe?

Fest steht: die Mieten sind horrend. Wer Quadratmeterpreise von dreißig und mehr Mark zahlt, der muß jeden Quadratzentimeter seines Raumes nutzen. Massenhaft wurden in den letzten Jahren Wohnräume in Büros verwandelt. Heute arbeiten Rechtsanwälte, Versicherungsvertreter, Ärzte und Finanzmakler dort, wo früher Rentner schliefen und Familien Kaffee kochten. Das hat die Großstädte nicht schöner und die vertriebenen Städter nicht glücklicher gemacht.

Mit unseren Städten ist manches nicht mehr in Ordnung: Die Zahl der Verbrechen steigt dort stetig, die der Verkehrsunfälle und Selbstmorde auch. Die eine Wohnung suchen, finden keine; die eine haben, sind damit unzufrieden und suchen eine andere. Dabei stehen manche Häuser in guter Lage leer, Monate, oft Jahre. Sie warten auf ihren Abriß oder auf ihre gründliche Sanierung, manchmal auch einfach darauf, daß sich jemand um sie kümmert, ein Unterschied, der für die ursprünglichen Bewohner kaum einer ist, denn weder in dem neuen noch in dem erneuerten alten Haus werden sie ein ähnlich billiges Zuhause finden, wie es das alte war. Die Stadt ist – und dies ist keineswegs neu – insgesamt zum Spekulationsobjekt geworden, wobei den Gebäuden allenfalls eine repräsentative Aufgabe zufällt; was zählt, ist der Grund und Boden. Die Stadt hat sich ein immer uniformeres, anonymeres Gewand angelegt. Ob man nachts durch Frankfurt oder München spaziert, gleich gefährlich ist beides, und auch am Tage gleichen sich die Städte mit ihren möblierten Fußgängerzonen und maßkonfektionierten Einkaufsstraßen. Das Leben in den Städten ist geschäftlich geworden mit Öffnungs- und Ladenschlußzeiten. Daneben spielt sich in der City nichts mehr ab: Feierabend. Und den Feierabend verbringen die Bewohner immer weiter draußen. Dort gehen die Fernsehapparate an, wenn in den Büros die Lichter ausgehen.

Funktionsteilung, so heißt, nüchtern betrachtet, dieser Prozeß. Funktionsteilung galt einmal als großer Fortschritt der Städteplanung, und wenn man sich das Leben in dunklen, stikkigen Hinterhöfen des Zille-Milieus vergegenwärtigt, war sie es vielleicht auch: dort, wo man arbeitet, sollte man nicht auch schlafen.

Aus: Monika Zimmermann, „Die verplante Stadt", Frankfurter Allgemeine Zeitung, 30. 1. 1982

HA I. Lesen Sie den Text durch und schlagen Sie die unbekannten Wörter nach.

II. Unterstreichen Sie die Schlüsselwörter.

III. Welche Hauptinformationen enthalten die einzelnen Abschnitte?

IV. Welche Satzteile gehören zusammen?

1. Wer frische Luft atmen will, muß aufs Land ziehen,
2. Wohnen in der Stadt ist zu einem Luxus geworden,
3. Die Häuser wurden immer höher,
4. Wenn man hohe Quadratmeterpreise für die Miete zahlt,
5. Viele Häuser stehen lange leer,
6. Die Stadt ist zum Spekulationsobjekt geworden,
7. Die Fußgängerzonen und die Einkaufsstraßen der großen Städte unterscheiden sich nicht voneinander,
8. Den Feierabend verbringen die Leute in den Vororten vor den Fernsehschirmen,
9. In der Funktionsteilung sah man einmal einen Fortschritt der Städteplanung,

a) weil die Grundstücke immer knapper werden.
b) weil sie abgerissen oder saniert werden sollen.
c) dabei spielt der Grund und Boden die wichtigste Rolle.
d) denn das Leben ist dort viel gesünder.
e) und das Leben wird durch die Geschäftszeiten geregelt.
f) nachdem sie ihre Arbeit in der Stadt beendet haben.
g) und ursprünglich war sie vielleicht auch ein Fortschritt.
h) den sich nur wenige leisten können.
i) muß man den Raum nutzen.
j) dort wollte man nicht auch schlafen.

V. Zum Textverständnis

1. Warum ziehen die Leute aufs Land?
2. Wie sind die Mieten in den Innenstädten?
3. Wozu benutzt man heute frühere Wohnräume?
4. Woran sieht man, daß manches in den Städten nicht mehr in Ordnung ist?
5. Warum stehen manche Häuser lange leer?
6. Wozu ist die Stadt geworden?
7. Was gibt es im Stadtzentrum nach Geschäftsschluß?
8. Worin sah man einmal einen großen Fortschritt in der Stadtplanung?

VI. Was steht im Text?

1.
a) Das Leben auf dem Land ist gesünder und billiger. ☐
b) Nur wenige Leute können eine Wohnung im Zentrum bezahlen. ☐
c) Man baute Hochhäuser, weil die Grundstücke knapp waren. ☐

2.
a) Weil die Mieten hoch sind, bot man viele Büros als Wohnungen an. ☐
b) Kriminalität und Unfälle steigen in den Städten. ☐
c) Manche Häuser finden keine Mieter. ☐

3.
a) Ein Umzug bedeutet immer höhere Mietkosten als vorher. ☐
b) Die Grundstückspekulanten wollen vor allem repräsentative Gebäude haben. ☐
c) Jede Stadt hat ihr individuelles Gesicht, vor allem im Zentrum. ☐

4.
a) Es ist ungefährlich, nachts in München oder in Frankfurt spazierenzugehen. ☐
b) Das Leben in den Städten wird durch die Geschäftszeiten geregelt. ☐
c) Nicht einmal mehr Filme werden im Stadtzentrum gezeigt. ☐

VII. Äußern Sie sich zu folgenden Fragen:

1. Handelt es sich in dem Text um ein spezifisch deutsches oder um ein internationales Problem?
2. Aufgrund welcher Erfahrungen kam man auf die Idee der Funktionsteilung?
3. Wie müßte eine Großstadt aussehen, die die Bedürfnisse der Einwohner optimal berücksichtigt?

HV2 *Klaus Pokatzky*

Hausbesetzen

I. Kreuzen Sie an, was der Text sagt:

	r	f
1. Die besetzten Häuser sind alle ungefähr im gleichen Zustand.	☐	☐
2. Die Hausbesetzer planen und koordinieren ihre Aktionen gut.	☐	☐
3. Manchmal bekommen die Hausbesetzer die Schlüssel vom Besitzer selbst.	☐	☐
4. Ein Teil der Hausbesetzer hat noch andere Zimmer oder Wohnungen.	☐	☐
5. Die Hausbesetzer brauchen keine fremde Hilfe.	☐	☐
6. Unterstützer-Gruppen treffen sich regelmäßig mit den Hausbesetzern.	☐	☐

II. Kreuzen Sie an, welche Aussage korrekt ist: (eine oder mehr)

1.
a) Vor einer Hausbesetzung soll man einen Architekten fragen. ☐
b) Ein Architekt kann viel machen und investieren. ☐
c) Es ist gut, das Haus zusammen mit einem Architekten anzuschauen. ☐

2. Manchmal ist das Haus schon besetzt,
a) weil kein Termin ausgemacht war. ☐
b) weil es andere Leute kurz vorher besetzt haben. ☐
c) weil die Besetzer es angekündigt haben. ☐

3. Wie haben die Besetzer die Schlüssel bekommen?
a) Sie haben dem Besitzer Angst gemacht. ☐
b) Sie haben Chaoten hingeschickt. ☐
c) Sie haben versprochen, das Haus friedlich zu besetzen. ☐

4.
a) Die Besetzer wollen meistens nur eine Wohnung in einem Haus. ☐
b) Ein Stockwerk wird zum Schlafen benutzt. ☐
c) Man macht ganz schnell eine Wohnung oder ein Stockwerk fertig. ☐

5. Die Besetzer bleiben manchmal eine Nacht weg,
a) weil sie berufstätig sind ☐
b) weil sie richtig baden wollen ☐
c) weil sie ihre Ruhe haben wollen ☐

6. Welche Hilfe leisten die Unterstützer?
a) sie zahlen die Handwerker ☐
b) sie arbeiten gelegentlich selbst mit ☐
c) sie geben gute Ratschläge ☐

III. Weiterführende Fragen zum Inhalt

1. Wie erklärt es sich, daß Häuser und Wohnungen oft lange Zeit leerstehen?
2. Hausbesetzungen sind nicht legal. Worauf berufen sich die Besetzer? (auf welches Recht)
3. Warum richten viele Besetzer die Häuser/Wohnungen her, obwohl sie ihnen nicht gehören?

IV. Setzen Sie die passenden Wörter ein:

(besetzen, Besetzer, Hausbesetzung, Besetzung, Hausbesetzer, instandsetzen, Instandsetzung)

Wenn Leute ohne Erlaubnis ein Haus . . . . . ist das eine . . . . .. Die . . . . . schaffen zuerst einen Raum zum Schlafen. Danach müssen die einzelnen Wohnungen . . . . . werden. Das dauert länger und bei einer solchen . . . . . helfen auch andere Handwerker mit.

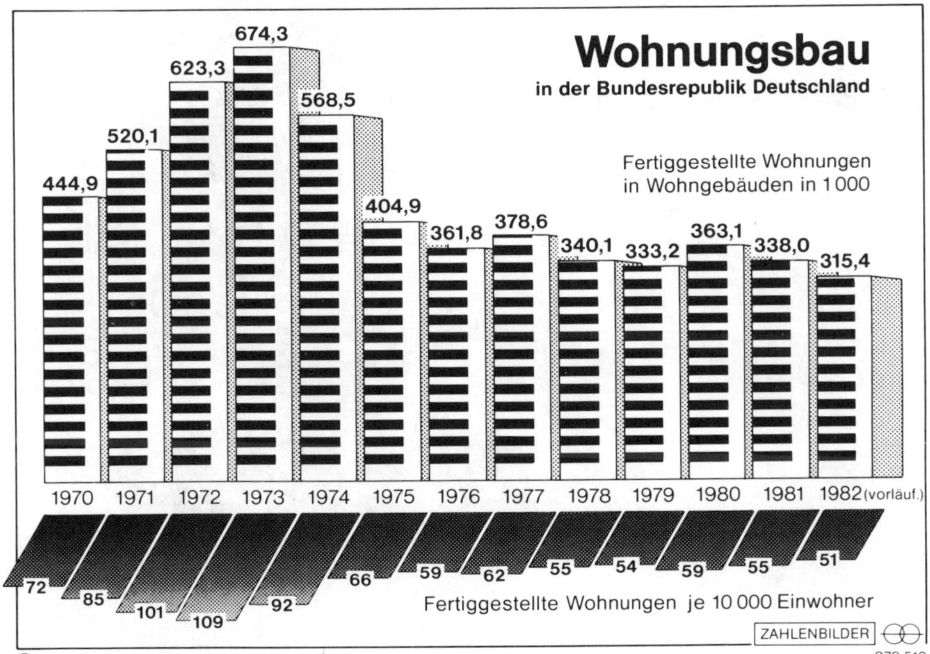

 378 510

Wohnungsbau in der Bundesrepublik Deutschland

Die Entwicklung des Wohnungsbaus in der Bundesrepublik Deutschland war während eines Vierteljahrhunderts durch die Notwendigkeit bestimmt, den durch Kriegsverluste und Bevölkerungsumschichtungen bedingten Wohnungsmangel zu überwinden. Bis in die sechziger Jahre mußte zur Verwaltung des Mangels die Wohnungszwangswirtschaft aufrechterhalten werden. Zu Beginn der achtziger Jahre war das Verhältnis zwischen Wohnungsangebot und -nachfrage rein rechnerisch zwar annähernd ausgeglichen. Vielfach bestand aber ein spezifischer Wohnungsmangel: So fehlte es — vor allem in den Ballungsgebieten — an Wohnraum zu erschwinglichen Mieten, an Wohnungen für kinderreiche Familien usw.

Im Ganzen gesehen, wartet die Wohnungsbaustatistik der Bundesrepublik mit eindrucksvollen Zahlen auf: Gut zwei Drittel der 1983 bestehenden Wohnungen wurden erst nach 1949 errichtet. Auf jeweils 1 000 Einwohner kamen 1982 etwa 420 Wohnungen gegenüber 340 im Jahre 1970 und nur 200 im Jahre 1950. Diese quantitative Verbesserung des Wohnungsangebots wurde durch die hohen Bauleistungen der fünfziger und sechziger Jahre ermöglicht. Der jährliche Zugang an Neubauwohnungen belief sich bis 1974 auf durchschnittlich 550 000, erst danach sank er wegen der stark gestiegenen Baupreise auf weniger als 400 000. Die Qualität der neuerrichteten Wohnungen nahm ständig zu. Fast alle neugebauten Wohnungen sind heute mit Sammelheizung und Bad ausgestattet; die durchschnittliche Wohnfläche hat sich seit 1952 von 55 auf mehr als 100 m^2 vergrößert.

In den Wiederaufbaujahren hatte der öffentlich geförderte soziale Wohnungsbau einen entscheidenden Anteil an der raschen Behebung der Wohnungsnot. Das mit dem ersten Wohnungsbaugesetz von 1950 eingeleitete Förderungsprogramm zielte auf die Beschaffung von preisgünstigem Wohnraum für einkommensschwache Bevölkerungsschichten. So wurden in den Jahren 1949 bis 1955 sechs von zehn Wohnungen im sozialen Wohnungsbau errichtet. Neben dem „Ersten Förderungsweg" gab es seit 1966 die Förderung von Bauvorhaben im Rahmen des steuerbegünstigten Wohnungsbaus für Personen mit mittlerem Einkommen. Die Bedeutung des sozialen Wohnungsbaus ging aber ständig zurück: In den siebziger Jahren wurden weniger als ein Drittel der Neuwohnungen aus Sozialbaumitteln gefördert. Mit 674 300 fertiggestellten Wohnungen erreichte der Bauboom im Jahre 1973 seinen Gipfel; 1982 wurde mit nur 315 400 Fertigstellungen der tiefste Stand der Nachkriegszeit erreicht. Durch den raschen Anstieg der Bau- und Bodenpreise in den Jahren zuvor und durch den Auftrieb der Hypothekenzinsen war vor allem der Einfamilienhausbau zurückgedrängt worden. Eine erneute Belebung des Wohnungsbaus deutete sich im Lauf des Jahres 1982 bereits an; die wohnungspolitischen Maßnahmen der christlich-liberalen Bundesregierung verliehen ihm weitere, kräftige Impulse.

Tomaschoff

Kapitel 4 – Menschliche Kontakte

Die sozialen Beziehungen haben sich während der letzten 20 Jahre in der Bundesrepublik sehr verändert. Das trifft besonders für die Angehörigen der jüngeren Generation zu.

Viele Tabus sind verschwunden. Junge – und auch ältere – Paare wohnen oft zusammen, ohne verheiratet zu sein. Auf dem Gebiet der Sexualmoral haben sich allgemein tiefgreifende Veränderungen vollzogen. Die „Pille" hat dazu sicherlich viel beigetragen.

Die sozialen Umgangsformen haben sich im gleichen Zeitraum sehr gelockert. Früher zum Beispiel redeten sich auch Studenten im allgemeinen mit „Sie" an. Gleichzeitig gab es in allen sozialen Bereichen einen Abbau an Autorität. Familien versuchten sich in Experimenten mit „antiautoritärer Erziehung". In der Arbeitswelt wurde der hierarchische Aufbau in Frage gestellt, in der Politik die Kompetenz der staatlichen Repräsentanten. Beschlüsse der Exekutive wurden vor Gericht angefochten, Bürgerinitiativen bildeten sich. Sind die Bürger heute allgemein „mündiger" geworden?

Die Gesellschaft ist heute offener und liberaler. Konservative Kritiker sagen, sie habe sich in eine „permissive" verwandelt.

Bekanntschaften und Freundschaften werden heute sicherlich leichter geschlossen als früher. Sind sie darum weniger dauerhaft?

Martin Walser

LV1

Julias neuer Freund

Da fiel ihm ein, daß Julias neuer Freund zu erwarten war. Agnes würde darauf bestehen, diesen Unbekannten am Tisch zu haben. Sie konnte nicht genug kriegen von dem Geschwätz dieser Kerle. Alles wollte sie herausbringen. Sie selber meinte, die Fragen, mit denen sie Julias Freier bearbeitete, seien unauffällig! Xaver hatte sich noch jedesmal geniert, wenn er einem solchen Verhör hatte beiwohnen müssen. Selbst wenn er diese Spunte nicht mochte, gefragt von Agnes, taten sie ihm leid. Dann war zu erleiden, daß Magdalena sich das alles anhören mußte. Der Neue fuhr mit seiner Maschine gleich bis zur Remise. Julia führte ihn herein. Deesch Mick*, sagte sie. Haar und Bart ein Kräusel und goldblond. Spitze Nase. Entzündete Augen. Auf jeden Fall fielen die Lider durch Röte auf. Sie leuchteten als Hauptfarbe aus dem vielen Blaß und Blond. Er saß von Anfang an sehr aufrecht und aß, als handle es sich um den Wettbewerb: wer kann am unauffälligsten essen. Der nahm nachher nicht nur keinen Käse in die Hand, um sich ein Stück abzusäbeln, wie das sein Vorgänger getan hatte, der sagte bei jedem Angebot: Danke nein. So leise hatte noch keiner gesprochen. Er hob den Blick fast nie über den Tellerrand hinaus. Julia saß noch aufrechter als ihr Mick. Aber bei ihr sah es nicht aus wie Anstand, sondern wie Triumph. Manchmal sah sie auf den hin, wie auf etwas, was ihr gehörte und womit sie zufrieden sein konnte. Magdalena saß so weit als möglich weg vom Tisch. So weit, daß sie sich zum Essen vorbeugen mußte. Ihr Kinn hing knapp über dem Tischrand. Sie machte den Mund auf und schaufelte sich die Maiskörner, die sie aus einer Dose in eine Essigbrühe geleert hatte, mit einem Löffel vom Teller in den Mund. Sie sah aus wie etwas Buckliges, Verzwergtes, Böses. Sie tat, als höre und sehe sie nichts. Ihre furchtbare Haltung zeigte, daß sie auf alles, was hier gesehen und gehört werden konnte, nur eine einzige Antwort geben wolle, eben ihr groteskes Wegrücken und Vorbeugen. Als das Essen fertig war, hatte dieser Mick praktisch nichts gegessen. Getrunken hatte er

---

* Schwäbische Mundart = das ist Mick.

zwei, drei Schlucke Elisabethen-Quelle. Alkohol hatte er, ohne Aufwand, abgelehnt. Xaver fand das sympathisch. Mein Gott, wie der Vorgänger, der Herr Abiturient, ein nacktes Stück Tilsiter auf die nackte Hand gelegt hatte, um sich davon was runterzusäbeln. Man hätte eigentlich annehmen müssen, er behalte den Tilsiter jetzt in der Hand und schnipfle sich so lange was runter, bis nichts mehr übrig sei. Aber der hatte den Tilsiter wieder zurückgelegt auf den Käseteller. Xaver sah in dieser Benehmensweise noch den Metzgersohn. So schnipfelt man nämlich von der Wurst herunter, wenn man sie nicht bezahlen muß.

HA I. Lesen Sie den Text genau durch, schlagen Sie unbekannte Wörter nach und notieren Sie die Satzkonstruktionen, die Sie nicht verstehen.

II. Unterstreichen Sie alle Namen im Text und notieren Sie, wer die Personen nach Ihrer Meinung sind.

Julia ist die Tochter ______________________________

Xaver ist ______________________________

____

____

____

III. Wo stehen die folgenden Aussagen dem Sinn nach im Text?

Zeile:

1. Agnes wollte, daß Julias Freund zum Essen kommt. __________
2. Sie wollte im Gespräch mehr Informationen bekommen. __________
3. Sie glaubte, ihre Fragen seien diskret. __________
4. Xaver waren diese Gespräche peinlich. __________
5. Obwohl die Kerle ihm nicht sympathisch waren, taten sie ihm leid. __________
6. Die Augenlider kontrastierten mit dem blassen Aussehen. __________
7. Mick bemühte sich, beim Essen nicht aufzufallen. __________
8. Mick lehnte immer höflich ab. __________
9. Er schaute die anderen nicht an. __________

10. Julia machte den Eindruck, als ob sie stolz auf Mick wäre. ____________

11. Magdalena drückte ihre ablehnende Haltung durch ihre Pose bei Tisch aus. ____________
12. Mick war sehr bescheiden im Essen und Trinken. ____________

IV. Ergänzen Sie die fehlenden Verben:

1. Agnes wollte durch ihre Fragen alles .. . . . .
2. Sie . . . . . darauf, die Unbekannten einzuladen.
3. Ihr Mann . . . . . sich, solchen Verhören . . . . . .
4. Magdalena hatte keine Lust, sich dieses Geschwätz . . . . . .
5. Seine Augen waren entzündet und . . . . . durch Röte . . . . . .
6. Fast nie . . . . . er den Blick über den Tellerrand.
7. Magdalena saß so weit weg vom Tisch, daß sie sich . . . . . mußte.
8. Sie hatte die Maiskörner in eine Brühe . . . . . .
9. Mick . . . . . Alkohol höflich . . . . . .

V. Ergänzen Sie die Präpositionen:

1. Mick fuhr . . . . . seinem Motorrad . . . . Remise.
2. . . . . . jeden Fall fielen die Lider . . . . . Röte auf.
3. Er saß . . . . . Anfang . . . . . aufrecht da.
4. Er sagte . . . . . jedem Angebot: Danke nein.
5. Er hob den Blick nicht . . . . . den Tellerrand . . . . . .
6. . . . . . Julia sah es nicht aus wie Anstand.
7. Julia sah manchmal . . . . . ihm hin.
8. Magdalena mußte sich . . . . . Essen vorbeugen.
9. Sie hatte die Maiskörner . . . . . einer Dose . . . . . eine Essigbrühe geleert und schaufelte sie nun . . . . . einem Löffel . . . . . Teller . . . . . den Mund.
10. Er schnitt ein großes Stück . . . . . der Wurst ab.

VI. Bilden Sie Varianten nach folgendem Beispiel:

Beispiel: Der Mann versteht scheinbar nichts.

a) *Es scheint,* daß der Mann nichts versteht.
b) *Es sieht so aus,* als ob der Mann nichts verstünde.
c) Der Mann *macht den Eindruck,* als verstünde er nichts.
d) Der Mann *wirkt so,* wie wenn er nichts verstünde.

1. Der Mann ist scheinbar sehr müde.
2. Der Motor ist scheinbar zu schwach.
3. Es war scheinbar nicht Anstand.
4. Das ist scheinbar nicht der richtige Weg.
5. Diese Politik führt scheinbar nicht zum Erfolg.
6. Die Leute sind scheinbar sehr optimistisch.

VII. Erzählen Sie mit Hilfe der Stichwörter (mündlich/schriftlich):

1. Was macht Agnes, um die Freunde ihrer Tochter besser kennenzulernen?
   (einladen, Essen, Unterhaltung, unauffälliges Fragen)
2. Wie reagiert Xaver?
   (sich genieren, Verhör, leid tun, peinlich wegen Magdalena)

3. Wie benimmt sich Mick?
   (Motorrad, aufrecht, unauffällig essen, höflich ablehnen, Blick, wenig essen und trinken, kein Alkohol)
4. Was erfährt man über Julia?
   (hereinführen, vorstellen, aufrecht, Triumph, zufrieden)
5. Wie zeigt sich Magdalenas Ablehnung?
   (weg vom Tisch, vorbeugen, Kinn über Tischrand, in den Mund schaufeln, bucklig/böse, nichts hören und sehen, nur eine Antwort)

VIII. Rollenspiel

Suchen Sie sich einen Partner und übernehmen Sie selbst eine Person (Agnes, Xaver, Julia, Mick). Notieren Sie Fragen und Argumente für die Diskussion.

1. Nach der Einladung diskutieren Julias Eltern miteinander. *Agnes* meint, daß ihre Methode richtig ist. *Xaver* findet solche Verhöre unmöglich und peinlich.
2. Julia und ihr Freund Mick diskutieren nach der Einladung miteinander. *Mick* ist nicht sicher, was für einen Eindruck er auf die Eltern und Geschwister gemacht hat. *Julia* findet, daß er großartig war und versucht, seine Zweifel zu zerstreuen.

IX. Nehmen Sie zu folgenden Fragen Stellung:

1. Ist es wichtig, daß Freunde auch von den Eltern und der Familie akzeptiert werden?
2. Welchen Einfluß hat in Ihrem Land die Familie auf die Wahl der Freunde oder Partner?

Zeichnung: Ernst Hürlimann

Peter O. Chotjewitz

Jürgen macht neue Bekanntschaften

Durch Uwe lernt Jürgen ein paar Kunststudenten und Künstler kennen. Ihr Umgangston befremdet ihn.

Ich will nicht sagen, daß sie unhöflich waren. Aber sie taten so, als ob alles eine Selbstverständlichkeit wäre.

Als er das erste Mal in eine ihrer Wohnungen mitgenommen wird, sitzen sie auf Sofas und Stühlen im Kreis. Einige hätten einfach auf dem Fußboden gesessen. An der Wand hätten zwei Kästen Bier gestanden. Als er gefragt habe, ob er sich ein Bier nehmen könne, hätte einer gesagt:

– Frag nicht soviel und nimm.

Sie hätten andauernd geredet, aber er habe kaum etwas verstanden. Manchmal, wenn er gemeint habe, auch etwas sagen zu können, hätten sie ihn ungeduldig zurechtgewiesen.

– Aber das ist doch ein alter Hut. Das hat mit der Sache doch nichts zu tun. Junge, Du redest vielleicht einen Stuß.

Jürgen hat das Gefühl, unter der Kälte der bestehenden Welt eine neue Welt zu entdecken, von der keiner etwas weiß. Probleme hatten die, das glaubst Du nicht.

Er habe das Gefühl gehabt, ein Blödmann zu sein, der sich von Anfang an mit den völlig falschen Dingen beschäftigt habe. Wenn er eine seiner Geschichten von Maupassant erzählt, lächeln sie mitleidig. Hier, lies mal was Gescheites.

Sie sind für ihn fremdartige Lebewesen. Die hatten einen ganz anderen Lebensstil.

Es gibt Menschen, die aufstehen, wann es ihnen paßt, arbeiten, was ihnen gefällt, und leben, wie es ihnen Spaß macht. Nicht so wie unsereins.

Er schwankt zwischen Bewunderung und Ablehnung. Schön ist es, wenn einer so leben kann, aber wenn das alle täten. Da bräche alles zusammen.

In ihren Wohnungen vermißt er die Ordnung, die er von zu Hause kennt.

Die größte Unordnung hatten sie immer in der Küche und im Schlafzimmer. Da stand noch das Geschirr von drei Tagen, und den Abfall hatten sie bestimmt eine Woche nicht weggeschafft. – In so einer Unordnung hätte ich nicht leben können. Heute könnte ich es vielleicht.

Auch ihre Kleidung mißfällt ihm. So vergammelt könnte ich niemals rumlaufen.

I. Lesen Sie den Text durch und schlagen Sie die unbekannten Wörter nach. **HA**

II. Welche Schlüsselwörter (Adjektive und Substantive), die das Verhalten Jürgens und der Studenten charakterisieren, erscheinen Ihnen besonders wichtig?

III. Zum Textverständnis

1. Wen lernt Jürgen kennen?
2. Wie verhalten sich seine neuen Freunde?
3. Wo saßen sie, als er sie kennenlernte?
4. Warum wurde Jürgen zurechtgewiesen?
5. Welches Gefühl hatte er?
6. Was sind die Studenten für ihn?
7. Zwischen welchen Empfindungen schwankt er?
8. Was vermißt er in ihren Wohnungen?
9. Wo war die größte Unordnung?
10. Wie hätte er nicht leben können?
11. Was dachte er über ihre Kleidung?

IV. Steht das im Text? – Wenn ja, wo?

1. Jürgen ist durch den Umgangston der Studenten und Künstler unangenehm überrascht.
2. Weil sie sich so kompliziert ausdrückten, verstand er wenig.
3. Wenn Jürgen auch etwas sagte, wurde er kritisiert.
4. Die Studenten heizten ihre Wohnungen schlecht.
5. Er war der Meinung, daß er sich bisher mit den falschen Dingen beschäftigt habe.
6. Der Lebensstil der Studenten war ihm fremd.
7. Er wußte nicht, ob er die Studenten bewundern oder ablehnen sollte.
8. Jürgen glaubt, daß nur eine kleine Gruppe so leben kann.

V. Setzen Sie die passenden Verben ein:

1. Ihr Umgangston . . . . . ihn.
2. Als er das erste Mal in eine ihrer Wohnungen . . . . . wird, ... sie auf Sofas und Stühlen im Kreis.
3. An der Wand hätten zwei Kasten Bier . . . . ..
4. Als er gefragt habe, ob er sich ein Bier . . . . . könne, hätte einer gesagt, ... nicht so viel und . . . . ..
5. Sie hätten andauernd . . . . ., aber er habe kaum etwas . . . . ..
6. Es gibt Menschen, die . . . . ., wann es ihnen . . . . ., arbeiten, was ihnen . . . . . und leben, wie es ihnen . . . . ..
7. In ihren Wohnungen . . . . . er die Ordnung, die er von zu Hause . . . . ..
8. Auch ihre Kleidung . . . . . ihm. So vergammelt könnte er niemals . . . . ..

VI. Geben Sie den Text mit Hilfe folgender Stichwörter wieder:

Jürgen lernt Kunststudenten kennen – ihre Wohnungseinrichtung – ihre Unterhaltungen und seine Reaktion – Jürgens Zweifel an seiner Lebensweise – Bewunderung und Ablehnung – seine Reaktion auf ihre Unordnung.

VII. Zum Inhalt

1. Aus was für einer Familie kommt Jürgen wahrscheinlich?
2. Wie verstehen Sie den Satz, Jürgen habe das Gefühl gehabt, unter der Kälte der bestehenden Welt eine neue Welt zu entdecken?
3. Was denken Sie über den Lebensstil dieser Studenten und Künstler?
4. Ist Ordnung für Jürgen nur ein Resultat seiner Erziehung oder eine Notwendigkeit?

VIII. Äußern Sie sich zu folgenden Thesen:

1. Ordnung erleichtert das Zusammenleben.
2. Ordnung ist Repression.
3. Menschliches Verhalten wird durch die frühe Kindheit determiniert.
4. Halten Sie das Sprichwort „Gegensätze ziehen sich an“ für richtig oder meinen Sie, daß man Freundschaft nur mit Leuten schließen kann, die ähnlich denken?

Gespräch mit türkischen Jugendlichen

In der BRD lebten im Jahr 1982 ca. 360 000 ausländische Jugendliche im Alter zwischen 15 und 20 Jahren. In Großstädten wie Berlin ist der Anteil ausländischer Bürger sehr hoch, besonders an Türken. Hören Sie Ausschnitte aus einem Gespräch mit 3 jungen Türken in Kreuzberg, Berlin. Ein Reporter interviewt *Aysel und Muhlise* (zwei 18jährige Mädchen) und *Kamil* (20 Jahre):

I. Kreuzen Sie an, von welchen Kontakten mit Deutschen die Jugendlichen sprechen:

- ☐ in der Schule
- ☐ bei Kongressen
- ☐ mit den Hausbewohnern
- ☐ mit den Eltern deutscher Freunde
- ☐ in Diskotheken
- ☐ in Jugend-Treffpunkten

II. Hören Sie das Gespräch noch einmal und beantworten Sie folgende Fragen:

1. Warum sind Kontakte mit deutschen Hausbewohnern selten?
2. Wozu muß man bereit sein, wenn man Integration will?
3. Was versteht Kamil in erster Linie unter Integration?
4. Was, meint Kamil, bedeutet Integration nach Ansicht vieler Deutscher?
5. Warum haben die Mädchen keinen Kontakt mit Gleichaltrigen?
6. Welche Probleme gibt es da mit ihren Eltern?
7. Wie reagieren die Mädchen auf die Vorschriften ihrer Eltern?
8. Wo würden sie sich gern mit Deutschen treffen?
9. Was kritisiert Kamil auf deutscher Seite?
10. Worin sieht Kamil die Basis für ein normales Zusammenleben?

III. Stellen Sie die wichtigsten Argumente zusammen, die man immer wieder hören kann, wenn von den Schwierigkeiten einer Integration/Anpassung ausländischer Bürger die Rede ist:

Hier einige Stichwörter: Erziehung/Mentalität, Gewohnheiten in Bezug auf Essen, Wohnen, Kleidung usw., religiöse/moralische Wertvorstellungen, Sprache/Kultur, Gesetzgebung, Vorurteile usw.

1. Die Deutschen behaupten: . . . . .
2. Die Ausländer behaupten: . . . . .

IV. Nehmen sie zu folgenden Fragen Stellung:

1. Welche Form von Integration halten Sie für richtig, nötig, und wünschenswert? (Beispiele, Gründe)
2. Welche Unterschiede gibt es in der Situation der Bundesrepublik Deutschland und der Situation in traditionellen Einwanderungsländern, wie z. B. USA, Kanada, Australien usw.?
3. Wo liegen die Hauptprobleme für eine bessere Integration? Bei der Gesetzgebung? Bei den Behörden? Bei den einzelnen Menschen?
4. Gibt es in Ihrem Land ähnliche Probleme? Geben Sie Beispiele, nennen Sie Gründe und zeigen Sie Unterschiede zur Bundesrepublik Deutschland.

BT2 *Hanns-Josef Ortheil*

Die Liebe

Die Liebe – wie naiv er davon noch dachte! Sicher – er hätte wissen können, daß es anders war und so oft hatte er es schon gesehen, die Liebe als eine der Möglichkeiten, sich mit dem Erwachsensein abzufinden . . . Man schaute sich an, man lernte, den anderen an der Hand zu halten, allmählich wuchs man zusammen in die Welt hinein, die Liebe genügte nicht mehr, schon wurden Wohnungen gemietet, man ging gemeinsam an Schaufenstern entlang und das schon kündete das Verderben an. Man wurde duldsamer, kannte die Sprache des anderen, sie füllte schon beinahe ganz den eigenen Kopf, man brauchte Dinge, um sich abzulenken. Allmählich zog die Liebe, schwächer werdend, die Welt hinein. Möbel wurden gekauft, Zimmer eingerichtet; wie man gelernt hatte, sich in den Gedanken des anderen einzurichten, wohnte man jetzt zusammen in abschließbaren Häusern und mochte manchmal noch wie in einer Laune träumend aus den Fenstern blicken . . . Das aber wollte er vermeiden. Wie er sich weigerte, schon erwachsen zu werden! Noch immer standen ihm die Schreckbilder der Schulzeit vor Augen: die wachsende Gier nach dem Besitz, die Ohnmacht, sich noch besinnen zu können. Aber träumte er denn nicht von der Liebe und blieb ihm der Gedanke nicht oft schmerzhaft im Kopf stecken? Wenn er mit Lotta zusammen gewesen war, hatte er einiges davon geahnt, wenn sie ihn lachend aus seiner Vertiefung und Träumerei gezogen hatte, wenn sie gemeinsam schnell einen Weg herabgelaufen waren, wenn sie ihm entwischt und an einer anderen Stelle zuvorgekommen, wenn sie manchmal still in sich zusammengesunken und erst später wie aus einem tiefen Schmerz wieder aufgewacht war . . . Dann hatte er sich wohl in ihrer Nähe gefühlt – mochte das die Liebe sein?

HA I. Lesen Sie den Text durch und schlagen Sie die unbekannten Wörter nach.

II. Zum Textverständnis

1. Wie dachte er von der Liebe?
2. Was für eine Möglichkeit bot die Liebe?
3. Welche Konsequenzen hatte das Zusammenleben?
4. Woran zeigte sich, daß man den anderen gut kannte?
5. Was wollte er vermeiden?
6. Wovor hatte er sich in der Schulzeit gefürchtet?
7. Wann hatte er zu wissen geglaubt, was Liebe war?

III. Steht das im Text? Wo?

1. Liebe war für ihn eine Möglichkeit, mit dem Erwachsensein fertigzuwerden.
2. Aus der Liebe wurde eine Lebens-und Wirtschaftsgemeinschaft.
3. Man hatte gelernt, wie der andere dachte.
4. Er empfand das Zusammenleben als Begrenzung.
5. Die normale Entwicklung einer Ehe war ihm in der Schule immer nachahmenswert erschienen.
6. Die Ehe hatte für ihn Streben nach Besitz und Alltagsroutine bedeutet.
7. Er hatte sehr hohe Erwartungen von der Liebe.
8. Er fragte sich, ob seine Gefühle für Lotta Liebe bedeuteten.

IV. Liebe bedeutete für ihn:

positiv: die Möglichkeit, mit dem Leben fertigzuwerden; was noch?
negativ: Konsum; was außerdem?

V. Zum Inhalt

1. Warum kann es unangenehm sein, erwachsen zu sein?
2. Müssen finanzielle und wirtschaftliche Schwierigkeiten für eine Ehe schädlich sein?
3. Führt das Zusammenleben zu einer inneren Bereicherung oder Verarmung?
4. Hat der junge Mann veraltete romantische Vorstellungen von der Liebe?
5. Meinen Sie, daß die Ehe eine anachronistische Institution ist?
6. Vergessen Erwachsene oft die Ideale ihrer Jugend?

VI. Setzen Sie die fehlenden Verben ein:

1. Die Liebe – wie naiv er davon noch . . . . . .
2. Er sah die Liebe als eine Möglichkeit an, sich mit dem Erwachsensein . . . . . .
3. Man lernte, den anderen an der Hand zu . . . . . .
4. Man brauchte Dinge, um sich . . . . . .
5. Das aber wollte er . . . . . .
6. Wie er sich . . . . ., schon erwachsen zu werden!
7. . . . . . er denn nicht von der Liebe?
8. Er hatte sich wohl in ihrer Nähe . . . . . .

VII. Trennen Sie die Wörter in dem folgenden Text und setzen Sie die Satzzeichen:

Erhattedieliebeoftgesehenalseinemöglichkeitmitdemerwachsenseinfertigzu
werdenmanlerntedenanderenanderhandzuhaltenundwuchsmitihmindiewelthinein
manmietetewohnungenundginganschaufensternentlangmanwurdeduldsamerund
lerntediesprachedesanderenmankauftemöbelundwohnteinabschließbarenhäusern
zusammendaswollteervermeidenerweigertesicherwachsenzuwerdenererinnerte
sichandieängsteseinerschulzeitdiegiernachbesitzunddieunfähigkeitsichnochbesinnen
zukönnenwennermitlottazusammengewesenwarhatteersichwohlinihrernähegefühlt
undsichgefragtobdasdieliebesei.

Zeichnung: Chlodwig Poth. Aus: „Lebens-Wandel"
mit freundlicher Genehmigung von
PSYCHOLOGIE HEUTE, Weinheim

LV2 *Renate Just*

Mädchen in einem bayerischen Dorf

Es sind nicht wenige Tage, an denen die Lemberger Sylvia um halb acht Uhr abends ins Bett geht. Später als neun wird es selten. ,,Ich weiß schon, daß sie mir im Dorf nachsagen, ich bin eine Übriggebliebene", sagt die 19jährige. ,,Manchmal glaub' ich's schon selber." Sylvia lebt in Raindorf, einem Dorf mit 360 Einwohnern zwischen Lallinger Winkel und Schwarzem Regen im Bayerischen Wald. Die gleichaltrigen Mädchen im Ort sind entweder verheiratet oder in festen Händen. ,,Mit 17 oder 18 san die Madln bei uns normalerweis' vergeben", erklärt Josef Fischer, der Vorsitzende des Raindorfer Trachtenvereins, ,,für oane, die mit 20 net g'heirat' is[1], schaut's schlecht aus."
Am Sonntag, wenn die tonangebende Dorfclique sich am Feuerwehrhäusl oder vorm Edeka zusammengefunden hat und in Capris und Asconas auf und davon ist ins Freibad nach Regen, in die Disco nach Hochbruck, liegt die Lemberger Sylvia bäuchlings auf einer Wolldecke in der abgemähten Wiese hinterm elterlichen Hof, mit einem Kofferradio, einer Limoflasche und den Bögen für die Fahrprüfung. Sehr still ist es hier, wie auf der Dorfstraße, nur schöne Landschaft rundum, Wiesenhügel, Waldrücken, Kirchtürme in der Ferne, Grillengezirp.
Silvia könnte natürlich den üblichen Wochenendspaziergang mit der Schmid Rosmarie unternehmen. Die ist ihre einzige Freundin und Leidensgenossin – genaugenommen noch etwas schlechter dran, weil sie schon zwanzig ist und auch keinen ,,Festen" hat. Doch die Schmid Rosmarie hat sich trotz des schönen Wetters wiedermal am Fernseher festgebissen. ,,Ois[2]", sagt sie knapp, alles schaut sie sich an, vom Kinderprogramm bis zur Seniorensendung, bloß keinen Fußball. So kann sie nicht gekränkt werden wie im Leben, ,,wenn di oaner im Auto mitnimmt ins nächste Festzelt und dann laßt er die alloa hock'n[3] – naa, da schau i liaber fern."
Es klingt ein bißchen abschätzig, wenn die Rosmarie und die Sylvia von den anderen Raindorfer Mädchen sagen, die hätten ja nur ,,Karls" im Kopf (so heißen im Waldler-Dialekt die jungen Männer). Denn manchmal, wenn sie so zu zweit durch den Wald spazieren, ,,da stinkt es uns scho, da denkt ma sich halt: Mei, wär des schee, wenn ma jetzt auch an Freund hätt."
Der Ruf der ,,späten Mädchen" klebt an der 19- und der 20jährigen. Dabei sind die beiden wahrhaftig keine Schreckschrauben, vielleicht nur etwas introvertierter, inzwischen auch resignierter als die Kerntruppe der Dorfjugend, die mit munterer Erbarmungslosigkeit aussiebt, wer dazugehören soll und wer nicht. ,,Mei, die san halt mehr für sich", heißt es dann ziemlich gleichgültig von den Nicht-Akzeptierten.

HA I. Lesen Sie den Text genau durch. Handelt es sich um:

- ☐ einen Brief
- ☐ einen Bericht
- ☐ eine Dokumentation
- ☐ eine Geschichte
- ☐ einen Essay
- ☐ oder?

---

[1] Bairisch = für eine, die mit 20 nicht verheiratet ist.
[2] = alles.
[3] = dann läßt er dich allein sitzen.

II. Vergleichen Sie folgende Aussagen mit dem Text und kreuzen Sie richtig/falsch an:

	r	f
1. Im Dorf gehen die Leute sehr früh abends ins Bett.	☐	☐
2. Die 17- oder 18jährigen Mädchen im Ort sind bereits verheiratet.	☐	☐
3. Mit 20 Jahren hat ein Mädchen kaum mehr Chancen.	☐	☐
4. Die Jugendlichen machen ihr Freizeitprogramm außerhalb des Dorfes.	☐	☐
5. Sylvia bleibt zu Hause, weil sie sich auf eine Prüfung vorbereitet.	☐	☐
6. Rosemarie macht keinen Spaziergang, weil es ein interessantes Programm im Fernsehen gibt.	☐	☐
7. Die beiden Freundinnen kritisieren die anderen Mädchen, aber sie wünschen sich doch auch einen Freund.	☐	☐
8. Sylvia und Rosemarie sind übriggeblieben, weil sie nicht hübsch sind.	☐	☐
9. Die Dorfclique bestimmt, wer akzeptiert wird oder nicht.	☐	☐

III. Unterstreichen Sie im Text alle Personen oder Gruppen, die zitiert werden. Notieren Sie die verschiedenen Aussagen:

1. Sylvia sagt: ich weiß schon, daß . . . . ..
2. Josef Fischer sagt: mit 17 oder 18 . . . . ..
3. . . . .

IV. Fragen zum Text, sowie zum Inhalt

1. Worin zeigt sich die Isolierung der beiden Mädchen?
2. Worin zeigt sich ihre Resignation?
3. Wie werden die „älteren Mädchen" bezeichnet?
4. Welche Möglichkeiten hat die Dorfjugend, ihre Freizeit zu verbringen?
5. Was könnte die Jugend im Dorf selbst machen?
6. Wer bestimmt das „normale Verhalten" der Jugend im Dorf?
7. Woran orientiert sich dieses normale jugendliche Verhalten?

V. Was bedeuten die Ausdrücke und Wendungen?

1. . . daß sie *ihr* im Dorf *nachsagen*	☐ sie kritisieren
	☐ danach über sie reden
	☐ sie den Ruf hat
2. mit 17 oder 18 *sind* die Mädchen *vergeben*	☐ verheiratet
	☐ haben einen festen Freund
	☐ selbständig
3. die *tonangebende* Dorfclique	☐ die Musik macht
	☐ die dominiert
	☐ die Normen setzt
4. sie *hat sich* am Fernseher *festgebissen*	☐ sie ißt beim Fernsehen
	☐ schaut konzentriert
	☐ kann sich nicht trennen
5. da stinkt es uns schon	☐ es ist unangenehm
	☐ es riecht schlecht
	☐ es ärgert uns

VI. Übung zum Wortschatz: Erklären Sie folgende Wörter:

Beispiel:
gleichaltrige Personen = Personen, die das gleiche Alter haben

1. *gleichnamige* Städte = Städte, die .....
2. *gleichgesinnte* Menschen =
3. *gleichberechtigte* Partner =
4. *gleichfarbige* Stoffe =
5. *gleichzeitige* Verhandlungen =
6. *gleichartige* Konstruktionen =
7. *gleichgestellte* Personen =
8. *gleichrangige* Probleme =

VII. Nehmen Sie zu folgenden Behauptungen Stellung. Nennen Sie Gründe und geben Sie Beispiele:

1. Der soziale Druck ist im Dorf viel stärker als in der Stadt.
2. Die Jugend auf dem Lande wächst körperlich und geistig gesund auf.
3. Wer sein ganzes Leben auf dem Dorf bleibt, versauert.

VIII.

1. Beschreiben Sie Reindorf (vergl. Text).
2. Beschreiben Sie ein typisches Dorf in Ihrem Land.

HV2 *Hasso R.*

Freunde

I. Ein junger Mann berichtet über seine Erfahrungen mit Freunden, Bekannten, Mädchen. Hören Sie den Text und beantworten Sie die Fragen mit ja oder nein:

	ja	nein
1. Spielen Freunde eine wichtige Rolle für den jungen Mann?	☐	☐
2. Hätte er gern mehr gute Freunde?	☐	☐
3. Würde er gern mit einem Mädchen zusammenleben?	☐	☐
4. Findet er mit Mädchen schwieriger Kontakt?	☐	☐
5. Gibt er sich Mühe, Mädchen kennenzulernen?	☐	☐

II. Hören Sie den Text noch einmal und beantworten Sie die folgenden Fragen.

1. Woher kennt er seine meisten Bekannten?
2. Was machen sie, wenn sie sich treffen?
3. Was hält er von einer „richtigen Freundschaft"?
4. Was denkt er über Gespräche mit Freunden?
5. Welchen Zweck haben solche Gespräche oft nur?
6. Wo begegnen ihm manchmal Mädchen?
7. Wie stellt er sich ein Zusammenleben vor?
8. Warum redet er keine Mädchen an?
9. Was genügt ihm im allgemeinen?
10. Warum möchte er sich nicht mit einem Mädchen verabreden?

III. Man kann zu anderen Personen ein mehr oder weniger enges Verhältnis haben. Wann sagt man: Freund, Bekannter, Kumpel, Kollege? Denken sie an folgende Aspekte:

1. berufliche Interessen
2. Freizeit/Sport/Hobbies
3. persönliche Erfahrungen
4. Vertrauen und Hilfe
5. gesellschaftliche Kontakte
6. Notsituation

IV. Drücken Sie aus, daß eine Handlung gegenseitig ist, mit Hilfe von Präpositionen + einander:

a) Ein Schüler sitzt *neben dem anderen.*
= Die Schüler sitzen *nebeneinander.*

b) Die Kinder spielen *zusammen.*
= Die Kinder spielen *miteinander.*

1. Die Kollegen reden oft zusammen.
2. Stellen Sie einen Tisch an den anderen!
3. Die beiden wollen sich nicht trennen.
   Sie wollen . . . . . bleiben.
4. Eine Partei interessiert sich für die andere.
5. Wir fahren immer zusammen in Urlaub.
6. Einer hat Respekt vor dem anderen.
7. Eigentlich hat keiner etwas gegen den anderen.
8. Die Männer spielten manchmal zusammen Skat.
9. Es hat keinen Sinn, daß einer auf den anderen wartet (!!).
10. Ein Freund tat alles für den anderen.
11. Abends saßen alle am Stammtisch zusammen.

V. Drücken Sie die Sätze anders aus:

Ich helfe ihm und er (hilft) mir.
= Wir helfen *einander* (einer dem anderen).

1. Ich verstehe ihn und er mich.
2. Ein Autor schätzt den anderen.
3. Ein Ehepartner verzeiht dem anderen.
4. Ein Parteifreund unterstützt den anderen.
5. Ein Gewinner hat dem anderen gratuliert.

VI. Auf welcher Struktur basieren die umgangssprachlichen Formen?

Da kann ich doch nichts *für*!
= *Dafür* kann ich doch nichts!

1. Da interessiert er sich nicht *für.*
2. Da habe ich nichts *von* gewußt.
3. Da hat der Mann nichts *mit* zu tun.
4. Da haben wir uns nichts *bei* gedacht.
5. Da sorgt schon ihre Familie *für.*
6. Da ist natürlich nichts *gegen* zu sagen.
7. Da hat im Grunde keiner was *von.*
8. Da hat sicher niemand den Mut *zu.*
9. Da kann sich leider keiner *vor* schützen.
10. Da fällt mir wirklich nichts mehr *zu* ein.

VII. Sagen Sie Ihre Meinung! Nennen Sie Gründe und geben Sie Beispiele:

1. Wo und wie findet man Gelegenheit, Menschen kennenzulernen und Freundschaft zu schließen?
2. Warum sagt man: „Wer keine Freunde hat, ist arm dran"?
3. Spielt Freundschaft in Ihrem Leben eine wichtige Rolle?

LV3 *Eike Christian Hirsch*

Das allgemeine Du

So einer wie ich, ich meine: in meinem Alter, ist heute verunsichert. Ein Beispiel. Nachbarn geben eine große Party. Als meine Frau und ich geklingelt haben, öffnet uns die Hausfrau. „Schön, daß ihr kommt", sagt sie. Und ich denke: „Duzen wir uns denn?" Ich weiß es nicht genau, aber eins weiß ich: Wenn ich jetzt sagen würde: „Wir haben *Ihnen* diese Blümchen mitgebracht", so klänge das geradezu frostig. Man sagt heute besser: „Wir haben *Euch* diese Blümchen mitgebracht."

Und wenn es der nette Abend erlaubt, wird man auch allmählich ins vertrauliche Du gleiten. Das ist heute so.

Steht so einer wie ich auf der Party herum, so merkt er sowieso, daß alle Anwesenden jünger sind und sich natürlich duzen. Nur der ältere Herr da drüben, der mit der Krawatte, Mitte fünfzig, der läßt ungeniert ein klares „Sie" hören. Und er scheint sich dabei auch noch wohlzufühlen.

Aber die anderen? Die sagen entweder sowieso du, wenn das Gegenüber sich ebenso locker gekleidet hat wie sie selbst und noch keine fünfzig zu sein scheint. Oder sie vermeiden diese Anrede überhaupt. Die dritte Möglichkeit ist, immer eine Gruppe von Umstehenden zugleich anzureden, und das natürlich mit dem fabelhaft universal verwendbaren „Ihr", das sich seit etwa zehn Jahren von Süddeutschland nach Norddeutschland geschlichen hat und heutzutage auch aus den unterhaltsamen Sendungen des Hörfunks und des Fernsehens nicht wegzudenken ist.

Ja, meine verehrten Leser, Ihr werdet das auch so kennen. So spricht man heute. Aber das ist nur ein Übergang. Ich glaube, das Du wird sich ausbreiten. Und wir Älteren werden mit unserem brettsteifen Sie allmählich aussterben.

Ja, wirklich, gelegentlich komme ich mir schon wie ein menschenfeindlicher Einsiedler vor. Auch im Kreise der Kollegen in meinem Betrieb. Da merke ich dann plötzlich: Fast alle duzen sich. Und ich? Gott, mag mich denn keiner? Bin ich ein sozialpolitischer Versager? Elitär, arrogant, kontaktarm, veraltet? Jemand, der den Zug der Zeit verpaßt hat?

Das schicke, junge „Du" wird heute kaum noch feierlich verabredet. Vorbei sind die Zeiten, da man, über Jahre miteinander vertraut geworden, einander belauerte mit der stummen Frage: Wer ist der Ältere, wer bietet das Du an? Nein, heute sagt man höchstens: „Komm, ich heiße Lorenz." Und dann ist das so. Oder man hüpft hinein, indem man einfach immer mal du sagt und es dann stillschweigend für vereinbart hält.

HA I. Lesen Sie den Text genau durch. Der Autor zeigt, welche Anrede heute in Deutschland üblich ist. Kreuzen Sie an, aus welchen Bereichen er seine Beispiele nimmt:

- ☐ auf einer Party — Zeile: ___
- ☐ in der Familie — Zeile: ___
- ☐ im Betrieb — Zeile: ___
- ☐ gegenüber älteren Personen — Zeile: ___
- ☐ in Radio- und Fernsehprogrammen — Zeile: ___
- ☐ im Zug — Zeile: ___
- ☐ gegenüber Lesern — Zeile: ___

II. Wie charakterisiert der Autor die Anreden mit Du, Ihr, Sie?

universal, jung, fabelhaft, vertraulich, frostig, brettsteif, arrogant, klar, elitär, schick, locker)

Welche dieser Wörter gehören zur Anrede

1\. *Du*. . . . . . 2. *Ihr:* . . . . . 3. *Sie:* . . . . .

III. Fragen zum Verständnis

1. Wer ist heute verunsichert?
2. Warum klingelt er bei den Nachbarn?
3. Was erstaunt ihn, als die Hausfrau öffnet?
4. Welche Reaktion wäre falsch gewesen?
5. Was kann im Laufe eines netten Abends geschehen?
6. Wie alt sind die meisten Gäste auf so einer Party?
7. Welche 3 Möglichkeiten sieht er, um das Problem der Anrede zu lösen:
   a) entweder .....
   b) oder .....
   c) oder .....
8. Wo wurde das „Ihr" schon früher benutzt?
9. Wo findet man heutzutage das „Ihr" sonst noch?
10. Welche Anrede, glaubt der Autor, wird einmal dominieren?
11. Warum fühlt der Autor sich manchmal wie ein „Einsiedler"?
12. Welche Gründe, fürchtet er, könnte es dafür geben?
13. Was war früher nötig, bevor man sich duzte?
14. Wie kommt man heute zum „Du"?

IV. Verstärken Sie den demonstrativ-emphatischen Charakter in den folgenden Sätzen. Beachten Sie die Kasus:

Beispiel:
a) *Ich bin* heute verunsichert. = *So einer wie ich ist* heute verunsichert.
b) *Mich* mag keiner. = *So einen wie mich* mag keiner.

1. *Ich* habe keine Chance.
2. *Er* hat nie Schwierigkeiten.
3. *Mir* glaubt man natürlich nicht.
4. *Sie* hat man nicht gefragt.
5. *Ich* stehe ratlos auf der Party herum.
6. *Ihm* stehen alle Möglichkeiten offen.
7. *Ihr* sollten Sie nicht vertrauen.
8. *Er* ist der ideale Politiker.

V. Verändern Sie die Anrede in den folgenden Beispielsätzen:

1. Wenn du dich nicht beeilst, dann verpaßt du noch deinen Zug!
   Wenn ihr .....
   Wenn Sie .....
2. Ich danke Ihnen für Ihre Unterstützung und möchte Ihnen auch gern bei Ihren Problemen behilflich sein.
   Ich danke dir .....
   Ich danke euch .....
3. Habt ihr euch schon bei eurem Reisebüro erkundigt, ob euch für eure Reise ein Transitvisum genügt?
   Hast du .....
   Haben Sie .....

5

Kapitel 5 – Schule und Universität

Im Schul- und Hochschulwesen sind seit Bestehen der Bundesrepublik tiefgreifende Änderungen eingetreten. Bis Mitte der sechziger Jahre kamen die Reformversuche nur langsam voran, waren eng begrenzt und unsystematisch. Erst als Folge der Studentenrevolten in den Jahren 1967/68 wurden echte strukturelle und inhaltliche Reformen eingeführt, die den Ansprüchen der Gegenwart und dem veränderten Bewußtsein der jungen Generation besser Rechnung zu tragen versprachen: stärkeres Mitspracherecht der Studenten an den Hochschulen, flexiblere Curricula, lockerere und kreativere Sozialformen im Unterricht, Anwendung der Erkenntnisse moderner Pädagogik und Didaktik.

Es wurde sehr viel, zum Teil wohl zu viel experimentiert, was zu einer gewissen Verunsicherung geführt hat, erschwert noch durch die föderative, uneinheitliche Struktur des Schul- und Hochschulsystems in der Bundesrepublik.

Unter steigendem Leistungsdruck, unter dem Zwang zur Anpassung an eine schnell sich wandelnde Industriegesellschaft sind in den letzten Jahren bereits wieder Teile der Reformen zurückgenommen bzw. eingeschränkt worden.

HV1 Interview mit einem Schulleiter

Vorbemerkung:
Die Jahre der *Pubertät* sind für Jugendliche eine schwierige Phase. Die *Geborgenheit* in der Familie ist zu Ende. Konflikte und *Reibungen* bestimmen das Verhältnis zu Eltern und Schule. Besonders die Schule ist *Prellbock*, d. h. hier stoßen die Gegensätze zwischen Jugend und System hart aufeinander.

Ohne Worte

Aus: Johannes Hickel, „Sanfter Schrecken. Blätter aus dem pädagogischen Alltag". Quelle & Meyer Verlag, Heidelberg

I. Hören Sie ein Interview mit einem Schulleiter und kreuzen Sie an, welche Sätze nach dem Text richtig oder falsch sind:

	r	f
1. Der Schulleiter kennt die Probleme der Eltern aus eigener Erfahrung.	☐	☐
2. Das Beethoven-Gymnasium hat die ideale Größe.	☐	☐
3. Die Jugend ist heute nicht anders als früher.	☐	☐
4. Eine alte These sagt, daß Jugendliche nur die jüngeren Erwachsenen sind.	☐	☐
5. Die Schüler protestieren, weil sie Angst vor der Zukunft haben.	☐	☐
6. Die Schule als Prellbock nimmt den Eltern viele Probleme ab.	☐	☐
7. Wenn die Schule sich den Problemen stellt, dann ist sie eine Vorbereitung auf das soziale Leben.	☐	☐

II. Hören Sie das Interview noch einmal und beantworten Sie die Fragen:

1. Warum kennt Herr Seidler die Schulprobleme in der Familie?
2. Welche Schülerzahl wünschte sich Herr Seidler?
3. Was für Schüler gibt es an diesem Bonner Gymnasium?
4. Was machen diese Schüler?
5. Was ist wirklich neu bei den heutigen Jugendlichen?
6. Wo suchen sie Geborgenheit?
7. Womit ist ein Teil der Jugend unzufrieden?
8. Welche Probleme haben die Schüler noch nicht?
9. Welches ist dagegen ihr großes Problem?
10. Wodurch entlastet die Schule das Elternhaus?
11. Wie erleben die Schüler die Schule?
12. Wozu kann die Schule dann nützlich sein?

III. Verbinden Sie die Satzteile zu sinnvollen Aussagen:

1. Die Jugendlichen	erleben	es den Alten nach.
	fühlen	auf Drogen und Sekten.
	suchen	keine Not.
	stoßen	die Schule als Zwang und Ärger.
	machen	sich alleingelassen mit ihren Problemen
		nach Orientierung und Geborgenheit.
2. Die Schule	bietet	einen Teil der Pubertätsprobleme ab.
	fordert	Gelegenheit, soziales Leben einzuüben.
	nimmt	die besseren Nerven behalten und sich stellen.
	muß	den Zwang, konzentriert zu arbeiten.
	gibt	das Elternhaus.
	entlastet	jeden Moment neue Reibungen.

IV. Sagen Sie Ihre Meinung zu den folgenden Thesen bzw. Fragen:

1. Warum ist es falsch, von „der Jugend" allgemein zu sprechen?
2. Was heißt: die Jugend fühlt sich alleingelassen?
3. Was bedeutet: in der Schule wird das soziale Leben eingeübt?
4. Was meint die These, daß die Jugendlichen nur die jüngeren Erwachsenen sind?
5. Gibt es wesentliche Unterschiede im Verhalten von Schülern und Studenten? Welche und warum?

V. Diskutieren Sie in Gruppen, welche typischen Probleme die Jugendlichen haben:
a) im Elternhaus, b) in der Schule.
Notieren Sie Beispiele, Unterschiede, Gründe. Hier einige Aspekte: Autorität, Disziplin, (Un)abhängigkeit, Gewohnheiten, Vorbilder.

Schulaufbau in der Bundesrepublik Deutschland

Seiner geschichtlichen Herkunft nach war das allgemeinbildende Schulwesen in Deutschland durch das Prinzip der vertikalen Gliederung geprägt. Am Ende des 19. Jahrhunderts standen nebeneinander die drei Schularten Volksschule, Mittelschule und Gymnasium, die jeweils bestimmten sozialen Schichten zugeordnet waren und sich nach den Eingangsvoraussetzungen, der Besuchsdauer und der Vermittlung von Qualifikationen und gesellschaftlichen Chancen voneinander unterschieden. Die Möglichkeit des Übergangs zwischen den Schulformen war begrenzt, so daß die einmal getroffene Wahl des Bildungsweges in der Regel für die gesamte Schullaufbahn des einzelnen Schülers verbindlich blieb.

Die Weimarer Verfassung von 1919 durchbrach mit der Einführung der gemeinsamen vierjährigen Grundschule erstmals das Prinzip der Vertikalität, das im übrigen aber auch in den Anfangsjahren der Bundesrepublik noch unverändert fortbestand. Erst in den sechziger Jahren führten veränderte Qualifikationsansprüche in Verbindung mit der politischen Forderung nach Chancengleichheit im Bildungssystem zu Ansätzen einer Reform, als deren weitestgehender Entwurf der 1970 vom Deutschen Bildungsrat vorgelegte „Strukturplan für das Bildungswesen" anzusehen ist.

Die Empfehlungen des Bildungsrates setzen an die Stelle des vertikalen Nebeneinanders verschiedener Schulformen eine fünffache horizontale Gliederung des gesamten Schulwesens. Eine Differenzierung innerhalb des als Einheit verstandenen Bildungssystems erfolgte lediglich nach Altersstufen und in bestimmten Lernphasen nach Leistung und Interesse der Schüler. So umfaßte der Schulaufbau: 1. den Elementarbereich mit Kindergarten und Vorschule; 2. den auf sechs Jahre erweiterten Primarbereich; 3. die Sekundarstufe I, die allen Schülern bis zum 16. Lebensjahr eine gemeinsame Grundbildung vermitteln und zu einem ersten qualifizierten Abschluß führen sollte; 4. die Sekundarstufe II als Zusammenfassung aller Bildungsgänge nach Abschluß der Schulpflicht, einschließlich der beruflichen Ausbildung, mit weitgehend differenzierten und spezialisierten Lernangeboten und Abschlußmöglichkeiten; 5. den tertiären (Hochschul-) Bereich.

Nur einige Elemente der Reform wurden im Lauf der siebziger Jahre in die Schulpraxis umgesetzt, so unter anderem die formale Gliederung des Schulwesens nach horizontalen Stufen, die Umgestaltung der Sekundarstufe II, in einigen Bundesländern auch die Einführung der Gesamtschule als integrierter Schulform. Andere Reformforderungen, soweit sie als Gefährdung des Bestands der herkömmlichen Schulformen oder des dualen Systems der Berufsausbildung verstanden wurden, scheiterten an heftigen politischen Widerständen.

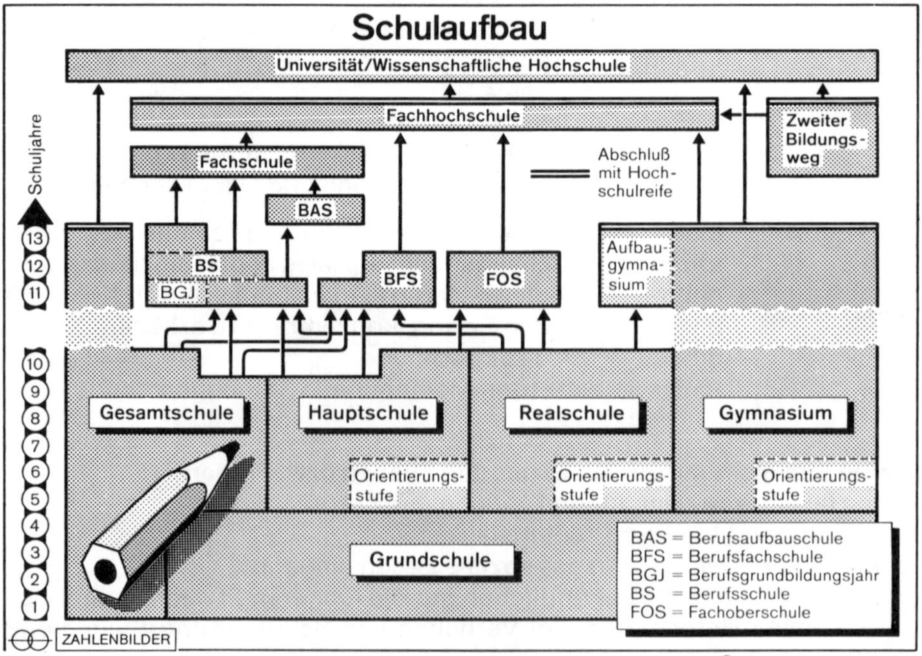

514 110

Das Abitur: Pauken – nicht denken

Das heutige Gymnasium, besonders die Oberstufe, ist in meinen Augen ein einziger Skandal. Was früher einmal darauf gerichtet war, dem Schüler möglichst viel Wissen auf vielen Gebieten, sprich Allgemeinbildung, zu vermitteln, ist von einer dilettantenhaft geführten Schulpolitik skrupellos mißbraucht worden. Das Produkt hiervon ist die Heranzüchtung von „Fachidioten". Der Lehrstoff in der gymnasialen Oberstufe ist so konzipiert, daß der Schüler von immer weniger Fächern immer mehr lernen muß. Ist denn das Gymnasium eine Mini-Universität? Unsere Schule darf nicht noch einmal reformiert werden! Eine Reform dieser Art zu reformieren, wäre genauso unsinnig, wie einen Ochsen zu melken.

Klaus Müller-Engstfeld, Abiturient, Düsseldorf

Durch die reformierte Oberstufe haben viel mehr Schüler die Möglichkeit erhalten, ein gutes Abitur zu erzielen, da sie die Leistungskurse auf Grund ihrer Neigungen und Interessen wählen sowie bestimmte ungeliebte Fächer abwählen oder nur zwei Semester belegen können. Dies schafft einen erheblichen Motivationszuwachs. Sicherlich ist damit auch ein Verlust an Allgemeinbildung und eine frühzeitige Spezialisierung gegeben, ob aber dies den „Wert" des neuen Abiturs mindert, läßt sich erst feststellen, wenn die jetzigen Abiturienten ihr Studium hinter sich haben und im Berufsleben stehen.

Formal ist an der reformierten Oberstufe als vorteilhaft anzusehen, daß die schriftliche Prüfung auf drei Tage begrenzt ist und daß die eigentliche Abiturprüfung nur noch ein Drittel für die Gesamtqualifikation zählt.

Herbert Härle, Abiturient, Bad Buchau

Als Vater von fünf Kindern, die ihre schulische Ausbildung nacheinander in England, der Schweiz und auf schleswig-holsteinischen Gymnasien erhalten haben oder noch erhalten, bin ich gegen die Studienstufe; denn sie hat den früher bis zum Abitur bestehenden Klassenverband zerstört, was nicht nur von meinen eigenen Kindern, sondern auch von anderen durch mich befragten Jugendlichen sehr bedauert wird, und sie hat eine schädliche Belastung für das Familienleben und die Führung des Haushalts durch die ohnehin geplagte Mutter zur Folge, besonders wenn ein längerer Schulweg zurückzulegen ist. Die Kinder haben teils vormittags, teils nachmittags Unterricht und kommen zu sehr unterschiedlichen Zeiten nach Hause.

Die Allgemeinbildung kommt in der Oberstufe und im Abitur zu kurz. Dafür hat der Unterricht in den Naturwissenschaften im allgemeinen Ausmaße angenommen, die weit über die Grenzen einer guten Allgemeinbildung hinausgehen. Mir scheint, daß dieses Zuviel naturgemäß zu Lasten der eigentlichen allgemeinbildenden Fächer geht. Ich würde nicht die Folge ziehen, daß die Abiturienten heutzutage „dümmer" sind als ihre Eltern. Sie sind vielmehr die unschuldigen Opfer verfehlter Reformen, die mir dringend reformbedürftig zu sein scheinen.

Dr. Franz Breer, Aumühle

HA I. Lesen Sie die Texte durch und schlagen Sie die unbekannten Wörter nach.

II. Unterstreichen Sie die Schlüsselwörter in den drei Leserbriefen.

III. Zum Textverständnis

– Leserbrief 1
1. Was ist das heutige Gymnasium?
2. Was sollte das Gymnasium früher?
3. Wie war die Schulpolitik?
4. Welches Resultat hat die Schulpolitik?
5. Was verlangt der Lehrstoff in der Oberstufe?
6. Was will das Gymnasium sein?
7. Welchen Versuch darf man nicht machen?

– Leserbrief 2

8. Welche Möglichkeit hat die reformierte Oberstufe vielen Schülern gegeben?
9. Warum können sie heute leichter ein gutes Abitur machen?
10. Was geht damit wahrscheinlich verloren?
11. Welches ist das andere Resultat?
12. Wann wird man feststellen können, ob das heutige Abitur sinnvoller ist?
13. Worin besteht ein anderer Vorteil der reformierten Oberstufe?

– Leserbrief 3

14. Wo haben die Kinder des Briefschreibers Schulen besucht?
15. Warum ist der Verfasser gegen die reformierte Oberstufe?
16. Welche Konsequenzen beklagt er für das Familienleben?
17. Wie beschreibt er die Folgen der Schulreform für die Allgemeinbildung?
18. Was denkt er über die Rolle der Naturwissenschaften?
19. Welche Folgerung zieht der Autor nicht?
20. Wie beurteilt er die Schulreform?

IV. Wie sehen die drei Autoren die reformierte Oberstufe?

	positiv	negativ
Leserbrief 1	. . . . .	Skandal dilettantenhafte Schulpolitik
Leserbrief 2	. . . . .	. . . . .
Leserbrief 3	. . . . .	. . . . .

V. Fragen zum Inhalt

1. Worin sehen Sie allgemein die Aufgabe der Schule?
2. Welche Fähigkeiten soll die Schule entwickeln?
3. Für welche Fähigkeiten und Fertigkeiten ist die Beherrschung eines umfangreichen Wissens nötig?
4. Was denken Sie über die reformierte Oberstufe?

VI. Nehmen Sie zu einer der beiden folgenden Fragen Stellung:

1. Wo gibt es Beziehungen zwischen dem allgemeinen Entwicklungsstand eines Landes und seinem Schulsystem?
2. Sollte man in der Schule möglichst früh mit dem Berufsleben bekanntgemacht werden? Auf welche Weise?

Zeichnung: Walter Kurowski

D. Forte

HV2

Interview mit einem Konzernchef

I. Hören Sie das Interview mit einem Konzernchef. Konzentrieren Sie sich jetzt nur auf die Fragen, die der Interviewer stellt. Wie lauten die Fragen?

1. Frage: . . . . .
2. Frage: . . . . .
3. Frage: . . . . .

II. Hören Sie den Text noch einmal. Beantworten Sie nun folgende Fragen:

1. Welche Faktoren spielen eine Rolle, um reich zu werden?
2. Wann sind die Umstände besonders günstig?
3. Womit wird der Erfolg/Aufstieg verglichen?
4. Welche Schulbildung hatte der Millionär?
5. Welche Ausbildung hatte der Interviewer?
6. Was machte Herr Manz, als der Interviewer noch studierte?
7. Was war ein Grund dafür, daß Herr Manz bankrott ist?
8. Warum wird die Cassette gewechselt?

III. Was bedeuten folgende Ausdrücke und Wendungen?

1. *Darauf kommen wir noch.*
   a) ☐ Wir kommen etwas später.
   b) ☐ Es kommt noch mehr.
   c) ☐ Wir sprechen später noch darüber.
2. *Es kommt darauf an,* was man weiß.
   a) ☐ Man erreicht es.
   b) ☐ Es ist ein Unterschied.
   c) ☐ Es hängt davon ab.

3. *Das bringt nichts.*
   a) ☐ Das ist nutzlos.
   b) ☐ Das gibt es nicht.
   c) ☐ Das führt zu keinem Ziel.
4. *Er kann es sich leisten.*
   a) ☐ Er schafft es.
   b) ☐ Er hat die Möglichkeit dazu.
   c) ☐ Er produziert genug.
5. *Ich kann mir wenig leisten.*
   a) ☐ Ich produziere wenig.
   b) ☐ Ich habe wenig Geld.
   c) ☐ Ich kann mir wenig erlauben.

IV. Wissen und Erfahrung kann man durch Schulen oder durchs Leben erwerben. Ziehen Sie einen Vergleich zwischen Schulwissen und Lebenserfahrung und notieren Sie die Unterschiede:

	Schulwissen	Lebenserfahrung
1. Zeit/Dauer:	. . . . .	. . . . .
2. Ort/Gelegenheit:	. . . . .	. . . . .
3. Nützlichkeit:	. . . . .	. . . . .
4. Befriedigung:	. . . . .	. . . . .
5.	. . . . .	. . . . .

V. Erzählen Sie die Karriere des Konzernchefs. Benutzen Sie die folgenden Stichwörter:

Krieg zu Ende – auf dem Dorf – Volksschule besucht – Situation ungeordnet/chaotisch – große Chancen, weil alle gleich – Glück – Menschenkenntnis – Erfolg . . . . .

Als der Krieg zu Ende war, lebte ich . . . . .

VI. Sie kennen sicher Menschen, die Karriere gemacht haben. Welche Umstände waren dabei entscheidend? Welche Eigenschaften haben diese Menschen? Suchen Sie sich einen Partner und machen Sie ein Interview mit ihm!

VII. Nehmen sie zu den folgenden Fragen Stellung:

1. Warum ist die Zeit nach einem Krieg besonders günstig für schnellen wirtschaftlichen Erfolg?
2. Was meint das Sprichwort: ,,Wie gewonnen, so zerronnen.''?

LV1 *Wolfgang Bittner*

Wir sind alle gezeichnet

Einerlei, wie unsere Kindheit ausgesehen hat, wir sind ihr verhaftet. Er merkte es an sich selber, an der Art, wie er lebte, wie er sprach, wie er fühlte. Und er merkte es an Lina, an jeder ihrer Äußerungen und Handlungen, an der Art, wie sie sich gab überhaupt, und wie sie sich ihm gab.

Gestern hatten sie sich stundenlang unterhalten, einen ganzen Abend lang. Zuerst bis zwei in der Studentenkneipe, anschließend bis morgens um fünf auf ihrer Bude.

,,Wir sind unserer Vergangenheit verhaftet", dachte er. ,,Wir sind alle gezeichnet. So oder so."

Können Fabrikantensöhne und Professorentöchter Arbeiterprobleme verstehen? Wirklich nachempfinden und verstehen? Können sie die Probleme eines Aufgestiegenen, eines Emporkömmlings, verstehen? Bedeutet Emanzipation des Menschen nicht in erster Linie eine Emanzipation der arbeitenden Bevölkerung, der breiten, zur Zeit unmündigen und unmündig gehaltenen Masse? Müßte eine Emanzipationsbewegung nicht aus dieser Masse heraus entstehen und von ihr getragen werden? Er saß am Tisch und las in einem Lehrbuch für Strafrecht. Ihm war klar, daß er dieses Buch niemals würde durchlesen können, wie er es sich anfangs vorgenommen hatte. Selbst ursprünglich interessante Dinge waren so farblos dargestellt, daß man einfach nichts aufnehmen konnte. Die Gedanken liefen ihm weg. Während er las, gingen sie gänzlich andere Wege als vorgesehen. ,,Ich bin nicht emanzipiert", dachte er, ,,obwohl ich jetzt studiere."

Aus: Wolfgang Bittner, ,,Der Aufsteiger", Büchergilde Gutenberg, Frankfurt/M., Wien, Zürich 1978

Der Text handelt von den Erfahrungen, die ein Student aus einfacher Familie mit einer Kommilitonin macht, die einen ganz anderen sozialen Hintergrund hat.

I. Lesen Sie den Text und unterstreichen Sie die Beobachtungen und Reflexionen des Studenten: **HA**

1. Er merkte es an .....
2. Er dachte: .....
3. Ihm war klar, ...

II. Wie sind die folgenden Aussagen im Text ausgedrückt?
Notieren Sie die entsprechenden Zeilen.

1. Wir sind in jedem Fall von unserer Kindheit beeinflußt.
2. Er merkte es daran, wie Lina sprach, handelte und sich benahm.
3. Man erkennt irgendwie die Herkunft jedes Menschen.
4. Fühlen Personen der oberen Schichten die Probleme von Arbeitern in der gleichen Form?
5. Emanzipation der Mehrheit des Volkes, über das heutzutage andere bestimmen.
6. Ist Emanzipation nicht eine Sache der Basis bzw. des Volkes?
7. Er hatte sich die Lektüre des Buches anders vorgestellt.
8. Er konnte sich nicht konzentrieren.

III. Die Reflexionen des Studenten sind vom Klassendenken bestimmt. In welchen Bereichen zeigen sich die Unterschiede zwischen Angehörigen der unteren und oberen sozialen Schichten? Wie sehen diese Unterschiede aus? Nennen Sie dazu Stichwörter:

Bereiche:	**Oberschicht**	**Unterschicht**
Betreuung als Kind	.....	.....
Wohnen	.....	.....
Essen	.....	.....
Schule	.....	.....
Freizeit	.....	.....
Ferien	.....	.....

IV. Im Text werden einige Fragen gestellt. Welche Antworten darauf würde(n)

a) der Student vermutlich geben?
b) Sie selbst geben?

V. Weitere Fragen

1. Was hat Emanzipation mit Studium zu tun?
2. Was halten Sie von Eliteschulen?
3. Was halten Sie vom Massenstudium an Massenuniversitäten?
4. Welche Rolle spielen Arbeiterkinder an den Hochschulen Ihres Landes?

VI. Formen Sie die Sätze nach folgendem Beispiel um:

Beispiel:

Das war *nicht vorgesehen* gewesen. — Es kam *anders als vorgesehen.*

1. Das war *nicht geplant* gewesen.
2. Das war *nicht gewünscht* worden.
3. Das hatte man *nicht befürchtet.*
4. Das war *nicht versprochen* worden.
5. Das hatte man *nicht erwartet.*
6. Das hatte man *nicht erhofft.*
7. Das war *nicht berechnet* worden.
8. Das hatte *niemand vorausgesagt.*
9. Das hatte man *nicht vermutet.*
10. Das hatte man *nicht gedacht.*

Zeichnung: Ernst Hürlimann

Martin Walser

Herr Köberle kommt mit seiner Tochter zu Besuch

Diesmal hatte Köberle allen Grund, Sabine in den Mittelpunkt zu rücken. Sie hatte gerade das Abitur gemacht. Vielleicht kam sie in Deutsch noch ins Mündliche. Sie rechnete mit einem Durchschnitt von 1,4 oder 1,5 und hatte deshalb ein Anrecht auf einen Studienplatz für Pharmazie. Diese sie betreffenden Mitteilungen machte Sabine selbst. Mit niedergeschlagenen Augen und einer hohen, leiernden Stimme sagte sie ihre Erfolge auf; deutlich bemüht, niemanden zu verletzen. Ich sag immer, sagte Meister Köberle, sie braucht sich nichts einzubilden, sie kann ja nichts dafür, daß sie so gescheit ist. Agnes sagte, das sei schon eine Leistung, auf die man sich was einbilden könne, 1,4, mein Gott. Nein, nein, nix da, sagte Meister Köberle, sie soll froh sein, daß sie so gescheit ist, aber sie soll sich nix einbilden darauf, weil wir nicht zu denen gehören, die auf andere hinunterschauen, verstehen Sie. Sie hätten keinen Krackel*, auch wenn Sabine die Klassenbeste sei. Ihm sei genau so wichtig, daß sie jeden Samstagnachmittag Türkenkindern Deutschunterricht gebe und mit Schülern der Sonderschule eine Musikgruppe gegründet habe, weil sie glaube, daß das Musizieren in einem Orchester bei diesen Kindern eine Entwicklung provoziere, die durch nichts sonst zu provozieren sei. Zweimal in der Woche übt sie mit denen. Man hat ihr schon angeboten, jetzt ganz in die Sonderschule zu kommen. Das möchte sie natürlich nicht, sagte Sabine hoch und dünn, ihr wirkliches Interesse gilt der Psychologie, aber weil das ein so überlaufenes Fach ohne Berufschancen ist, macht sie Pharmazie, da kann man am wenigsten verderben. Es sei ja alles nur eine Willenssache. Ich war eben grausam fleißig, sagte sie, sonst hätt' ich wahrscheinlich einen Durchschnitt von 2,1 oder vielleicht sogar 2,3, also kann ich mir ja sowieso nichts einbilden, weil eine besondere Begabung überhaupt nicht vorhanden ist . . . . .

Bevor man es erwartet hatte, hörte Sabine plötzlich auf zu sprechen. Meister Köberle sagte in die Stille, daß er Sabines Bescheidenheit für ihre größte Begabung halte. Das sei die Eigenschaft, auf die er am meisten Hoffnung setze. Genietrompeter hätten wir schon genug. Uns fehlen Bescheidene, sagte er. Wieder herrschte Stille. Bescheidenheit wird heutzutage bestraft, sagte er. Trotzdem freue ihn Sabines Bescheidenheit, sagte er. Sie hätte ja noch viel mehr davon, wenn's nach ihm ginge. Aber seine Frau habe Sabine leider schon ein paar Flöhe ins Ohr gesetzt. Ob es etwas Schöneres gebe als einen Menschen, der sich seines Wertes nicht bewußt sei? Ja, das sei doch wirklich das Höchste, wozu es unter Menschen kommen könne. Wenn sie auf ihren Bergwanderungen, die sie regelmäßig sonntags machten, auf eine einsame Tanne oder Lärche trafen und betroffen stehen blieben, – warum fänden sie diese Tanne oder Lärche so schön? Weil die nichts wisse von sich. Nur darum. Und wo finde man noch Menschen dieser Art? Nirgends. Einer wisse alles noch besser als der andere. Ein Angeber übertöne den anderen. Eines jeden Stolz sei, sich so teuer als möglich zu verkaufen.

* Schwäbisch = Dünkel

HA

I. Lesen Sie den Text durch und schlagen Sie die unbekannten Wörter nach.

II. Versuchen Sie, den Text zu gliedern und jedem Abschnitt eine Überschrift zu geben.

III. Welche wichtigen Informationen enthält jeder Abschnitt?

IV. Steht das im Text? Wo?

1. Sabine würde in Deutsch vielleicht auch mündlich geprüft werden.
2. Wegen ihrer guten Abiturnote würde sie Pharmazie studieren können.
3. Sie berichtete sehr stolz über ihre schulischen Erfolge.
4. Herr Köberle sagte, Sabines Intelligenz sei nicht ihr Verdienst.
5. Herr Köberle meinte, seine Familie sei nicht stolz darauf, daß Sabine die beste Abiturnote der Klasse habe.
6. Sabine möchte nicht in der Sonderschule unterrichten, weil sie sich für Psychologie interessiert.
7. Sabine sagt, Fleiß sei etwas Schreckliches und sie habe keine besondere Begabung.
8. Herr Köberle sagt, er halte Sabines Bescheidenheit für ihre positivste Eigenschaft.
9. Er würde wünschen, daß sie noch bescheidener sei.
10. Nach Herrn Köberles Meinung ist Wichtigtuerei sehr verbreitet.

V. Zum Verständnis

1. Wie erklärt Sabine sich ihre gute Abiturnote?
2. Was denkt Herr Köberle über ihre Abiturnote?
3. Welche Interessen hat Sabine?
4. Wie beurteilt Herr Köberle Sabines soziales Verhalten?
5. Welche negativen Eigenschaften würde man heute oft finden?

VI. Ergänzen Sie die fehlenden Nomen und Verben:

1. Köberle hatte allen Grund, Sabine in den Mittelpunkt zu . . . . ..
2. Sie würde vielleicht noch in die mündliche Prüfung . . . . ..
3. Mit ihrem guten Abitur hatte sie ein . . . . . auf einen Studienplatz in Pharmazie.
4. Köberle sagte, sie brauche sich nichts . . . . ..
5. Ihm sei es genau so wichtig, daß sie Türkenkindern Deutschunterricht . . . . . und eine Musikgruppe . . . . . habe.
6. Man hat ihr schon angeboten, in die Sonderschule zu . . . . ..
7. Weil Psychologie ein überlaufenes Fach ist, will Sabine . . . . . machen.
8. Köberle sagte, er halte Sabines Bescheidenheit für ihre größte . . . . ., und auf diese Eigenschaft setze er am meisten . . . . ..
9. Wenn es nach ihm . . . . ., wäre Sabine noch bescheidener.
10. Seine Frau habe Sabine leider schon einige Flöhe ins Ohr . . . . ..

VII. Zum Inhalt

1. Meinen Sie, daß ein besonders gutes Abitur zum Studium der Pharmazie notwendig ist?
2. Warum wollen so viele Studenten Pharmazie studieren?
3. Wie läßt sich das große Interesse für Psychologie erklären?
4. Wäre es wichtiger, daß man für sehr gesuchte Studienfächer eine spezielle Eignungsprüfung macht?
5. Was denken Sie über eine Auslese durch einen Wettbewerb?
6. Meinen Sie, daß man ohne besondere Begabung, aber durch Fleiß eine sehr gute Abiturnote haben kann?

VIII. Nehmen Sie zu folgender These Stellung:

Schon in der Schule zeigen sich spätere berufliche Talente und Qualifikationen.

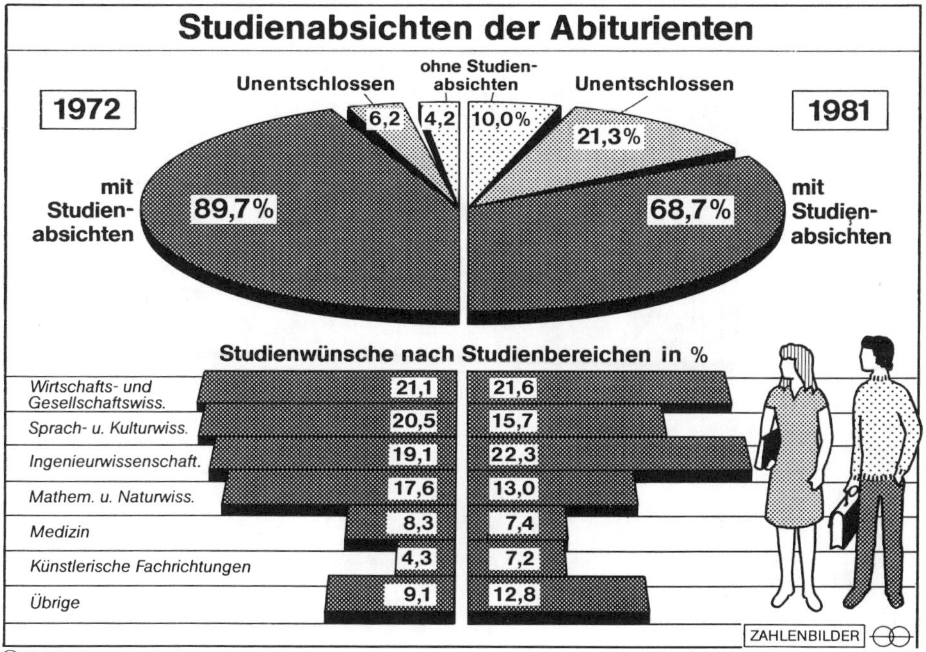

 506 051

Studienabsichten der Abiturienten

Die Studienbereitschaft der Abiturienten in der Bundesrepublik Deutschland schwächte sich im Lauf der siebziger Jahre deutlich ab. Während 1972 noch nahezu 90% der Schulabsolventen den Zugang zur Hochschule anstrebten, waren es 1979, auf dem Tiefpunkt der Entwicklung, nur noch 67%. Die erschwerten Bedingungen der Hochschulzulassung, die erwarteten Leistungsanforderungen, die eingeschränkten Möglichkeiten auf dem Arbeitsmarkt und der Prestigeverlust einzelner akademischer Berufe hatten den Anteil derer, die nach dem Abitur ein Studium aufnehmen wollten, ständig zurückgehen lassen.

Auch 1981 waren lediglich 68,7% der Abiturienten entschlossen, sich an einer Hochschule oder Fachhochschule einzuschreiben. Das ergab eine Befragung, die vom Statistischen Bundesamt in den Abschlußklassen der Sekundarstufe II durchgeführt wurde. Vergleichsweise hoch (10,0%) war der Anteil der Abiturienten, die am Ende ihrer Schulzeit unmittelbar ins Berufsleben überwechseln wollten. Jeder fünfte (21,3%) der rund 234 000 Befragten hatte sich noch nicht entschieden, welchen Weg er nach Abschluß der Schulausbildung einschlagen wollte. Erfahrungsgemäß nehmen viele der zunächst unentschlossenen Schüler später doch noch ein Hochschulstudium auf, so daß die Zahl der Studienanfänger die der studienwilligen Abiturienten regelmäßig übertrifft. Ohnehin mußten die Hochschulen wegen der Stärke des Jahrgangs trotz Rückgangs der Studienneigung mit einem wesentlich größeren Andrang als in den Vorjahren rechnen.

Weit eher als ihre männlichen Mitschüler reagieren die Abiturientinnen auf die erschwerte Situation an den Hochschulen und bei der späteren Berufsfindung durch Bildungsverzicht. So waren 1981 mehr als 73% der befragten Schüler, aber nur 63% der Schülerinnen zum Studium entschlossen, und umgekehrt überwog der Anteil der Abiturientinnen ohne Studienabsichten (14,7%) den der gleichgesinnten Abiturienten (6,2%) sehr deutlich.

Nicht nur die Studienneigung, sondern auch die fachlichen Studienwünsche der Schulabgänger haben sich im Lauf der siebziger Jahre gewandelt. Zwar gehören die Wirtschafts- und Gesellschaftswissenschaften sowie die Ingenieurwissenschaften, für die sich jeweils etwa ein Fünftel der Befragten entschied, nach wie vor zu den bevorzugten Studienbereichen, aber die sprach- und kulturwissenschaftlichen sowie die mathematisch-naturwissenschaftlichen Fächer erschienen den Abiturienten des Jahres 1981 weit weniger attraktiv als ihren Altersgenossen von 1972. Zu dieser Veränderung dürften die verschlechterten Anstellungsaussichten für Lehrer entscheidend beigetragen haben.

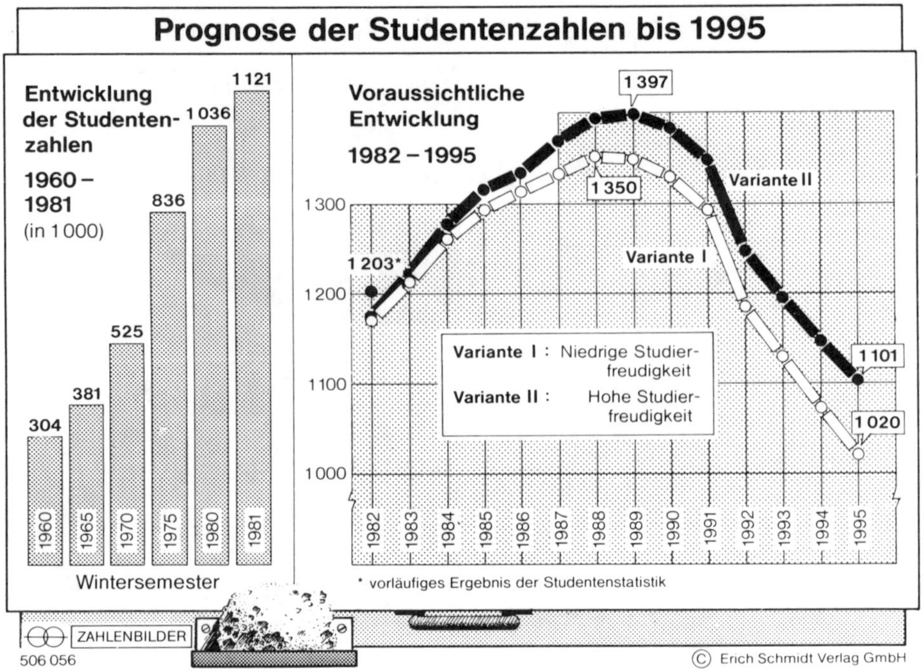

Prognose der Studentenzahlen bis 1995

Die Konferenz der Kultusminister legte Anfang 1983 eine neue Prognose zur Entwicklung der Studentenzahlen in der Bundesrepublik Deutschland vor. Die Vorausschätzung, die sich auf den Zeitraum bis 1995 erstreckt, läßt eine abermals erheblich stärkere Belastung der Hochschulkapazitäten erwarten, als sie bisher angenommen wurde.

Die Zahl der Studierenden an den Universitäten und Fachhochschulen der Bundesrepublik hatte im Wintersemester 1980/81 die Millionengrenze überschritten und war 1982/83 bereits auf 1,203 Mio angestiegen. Dagegen waren 1970/71 erst 510 500 und 1960/61 sogar erst 291 100 Studenten an den Hochschulen eingeschrieben. Die seither ansteigende Tendenz wird nach der von der Kultusministerkonferenz veröffentlichten Vorausschätzung auch während der achtziger Jahre noch anhalten und erst gegen Ende des Jahrzehnts ihren Höhepunkt erreichen. In der ersten Hälfte der neunziger Jahre ist infolgedessen mit einer noch immer sehr starken Überlastung der an den Hochschulen vorhandenen räumlichen und personellen Kapazitäten zu rechnen.

Die Prognose wurde in zwei Varianten durchgerechnet, in die unterschiedliche Annahmen über die Studierfreudigkeit der künftigen Abiturienten und Fachoberschulabsolventen einflossen. Wenn bis 1995 jeweils nur 75 % der Studienberechtigten eines Jahrgangs tatsächlich ein Studium aufnehmen, wird die Studentenzahl bis 1988 auf den Höchststand von 1,350 Mio ansteigen und danach bis zum Ende des Prognosezeitraums auf 1,020 Mio zurückgehen. Entschließt sich jedoch ein größerer Anteil der Studienberechtigten zum Übergang an die Hochschulen – die zweite Variante setzt eine Übergangsquote von 78 % im Jahre 1985, 80 % im Jahre 1990 und 85 % im Jahre 1995 an – wächst die Zahl der Studierenden sogar auf 1,397 Mio (1989) und fällt danach langsamer auf immer noch 1,101 Mio im Jahre 1995.

Diese Schätzung muß noch als relativ vorsichtig gewertet werden. Sie geht nämlich davon aus, daß die durchschnittliche Studiendauer bis 1990 auf 5 ½ Jahre reduziert werden kann. Bleibt es dagegen weiterhin bei einer Verweildauer von mehr als 6 Jahren, sind Studentenzahlen von 1,450 Mio (nach Variante I) bzw. 1,530 Mio (nach Variante II) im Gipfeljahr 1991 zu erwarten. Auch der Abstieg vom „Studentenberg" verzögert sich dementsprechend. Wie sich aus der Prognose ergibt, werden zwischen 1986 und 1990 durchschnittlich 175 000 bis 177 000 Hochschulabsolventen im Jahr auf den Arbeitsmarkt drängen oder sich als wissenschaftliche Nachwuchskräfte weiterzuqualifizieren versuchen. Diese Zahl steigt zwischen 1991 und 1995 auf jährlich 190 000 bis 197 000 an. 1981 gingen erst 121 000 Absolventen von den Hochschulen ab.

Kapitel 6 – Beruf und Arbeit

Das Recht auf Arbeit gilt als Grundrecht. Zudem wurde die Arbeit in Deutschland traditionell als Mittelpunkt, ja als Erfüllung des Lebens betrachtet. Diese Auffassung hat sich im Laufe der Zeit relativiert, besonders unter dem Einfluß der zunehmend rationalisierten Industriearbeit. Dabei haben sich die Arbeitsbedingungen in den meisten Berufen merklich verbessert: die meisten Arbeitsplätze sind humaner geworden, es gibt geregelte Arbeitszeiten, Arbeitsschutz, Sicherheiten für den Krankheitsfall, Anspruch auf Urlaub, Arbeitslosengeld usw.

In der Zeit des Wiederaufbaus der Bundesrepublik und in der anschließenden Phase stetigen wirtschaftlichen Wachstums waren Arbeitskräfte knapp und gesucht. Es wurden immer mehr Gastarbeiter aus anderen Ländern beschäftigt. Es herrschte Vollbeschäftigung.

Seit Beginn der achtziger Jahre hat sich die Lage jedoch grundlegend verändert. Weltweite wirtschaftliche Schwierigkeiten, gesättigte Märkte und die immer stärker spürbaren Effekte der ,,elektronischen Revolution" haben den Verlust vieler Arbeitsplätze bewirkt. Ein besonderes Problem stellt dabei die hohe Jugendarbeitslosigkeit dar, mit allen psychologischen Folgen für die Betroffenen.

Asta Scheib

Ein Durchschnittsberuf

BT1

Sie hatte Peter kennengelernt, als sie bei Siemens Telefonistin war. Sie hatte gelesen, daß die meisten Ehepaare sich im Beruf kennenlernen. Das paßte also zu ihr. Durchschnitt. Die meisten Mädchen arbeiten im Büro, bis sie heiraten. Durchschnitt.

Ein durchschnittliches Leben, ein Durchschnittsberuf. Schließlich mußte Agnes froh sein, überhaupt einen Beruf zu finden. Die monatelangen Krankenhausaufenthalte, die kontinuierliches Lernen unmöglich machten, schließlich Abgang von der Realschule mit achtzehn. Die Telefonzentrale bei Siemens hatte sie zunächst in größte Nöte gebracht. Das lerne ich nie. All die Knöpfe, Tasten, Anschlüsse. Das geht nicht rein in meinen Kopf. Höchste Not, wenn sie für Augenblicke alleingelassen wurde mit der Anlage. Jeden Ankömmling hätte sie anflehen mögen, hereinzukommen und ihr beizustehen. Irgendwann lichtete sich das Durcheinander, lernte sie, in aller Ruhe Verbindungen herzustellen, sich in ein Gespräch einzuschalten, nicht nervös zu werden. Es machte ihr Freude, Gespräche zu verbinden, Anrufer herzlich zu begrüßen. Sie haben aber eine schöne Stimme, Frollein, Frolleinchen. Manchmal kam einer und wollte sehen, wer die freundliche geduldige Stimme war. Sie konnte über Verehrer nicht klagen. Der Apparat mit seinen geheimnisvollen Fähigkeiten, die solide repräsentative Einrichtung der Telefonzentrale schien auf Agnes abzufärben. Gab ihr Gewicht. Nicht selten wurde sie eingeladen. Ins Kino, in den Biergarten, in die Disco. Hätten Sie nicht Lust?

I. Lesen Sie den Text durch und schlagen Sie die unbekannten Wörter nach. **HA**

II. Notieren Sie die wichtigsten Informationen über Agnes' Lebenslauf und ihre berufliche Tätigkeit.

III. Zum Verständnis

1. Warum fühlte sich Agnes als Durchschnitt?
2. Worüber mußte Agnes froh sein?
3. Wodurch wurde es ihr erschwert, einen Beruf zu finden?
4. Warum war die Telefonzentrale für Agnes ein Problem?
5. Worum hätte sie jeden Besucher gern gebeten?
6. Was begann Agnes Freude zu machen?
7. Wonach erkundigten sich manche Leute?
8. Welche Auswirkung hatte ihre berufliche Tätigkeit auf Agnes?

IV. Zum Inhalt

1. Warum läßt man im allgemeinen Telefonzentralen von Frauen bedienen?
2. Halten Sie es für eine normale Reaktion, daß Agnes' Selbstvertrauen durch ihre Arbeit in der Telefonzentrale stieg?

V. Setzen Sie die fehlenden Verben ein:

1. Agnes hatte gelesen, daß die meisten Ehepaare sich im Beruf . . . . . .
2. Das . . . . . also zu ihr.
3. Die meisten Mädchen arbeiten im Büro, bis sie . . . . . .
4. Die Telefonzentrale hatte sie zunächst in größte Nöte . . . . . .
5. Das . . . . . nicht rein in meinen Kopf.
6. Jeden Ankömmling hätte sie . . . . . mögen, hereinzukommen und ihr . . . . . .
7. Irgendwann lernte sie, in aller Ruhe Verbindungen . . . . . und sich in ein Gespräch . . . . . .
8. Es machte ihr Freude, Gespräche zu . . . . . und Anrufer herzlich zu . . . . .
9. Sie konnte über Verehrer nicht . . . . . .
10. Der Apparat mit seinen geheimnisvollen Fähigkeiten, die solide repräsentative Einrichtung der Telefonzentrale schien auf Agnes . . . . . und . . . . . ihr Gewicht.

VI. Trennen Sie den folgenden Text nach Wörtern und setzen Sie die Satzzeichen:

Siehattepeterkennengelerntalssiealstelefonistinarbeitetevieleandereehepaarelernten sichauchimberufkennendaspaßtezuihrsiehatteeindurchschnittlicheslebenundeinendurch schnittsberufagnesmußtefrohseinüberhaupteinenberufzufindendennsiewarmonate langkrankgewesenundmitachtzehnvonderschuleabgegangendietelefonzentralehatte siezunächstingrößtenötegebrachtsiedachtedaßsiedasnielernenwürdeunddaßdasinihren kopfnichtreingingesiehättejedenankömmlinggerngebetenhereinzukommenundihrbeizu stehenirgendwannlichtetesichdasdurcheinanderundsielernteverbindungenherzustellen undsichineingesprächeinzuschaltenohnenervöszuwerdenesmachteihrspaßgespräche zuverbindenundanruferfreundlichzubegrüßenmanchmalkamjemandundwolltedie freundlichestimmekennenlernensiekonnteüberverehrernichtklagen

VII. Äußern Sie sich zu folgender Behauptung:

Das Selbstwertgefühl des Menschen wird durch seine berufliche Stellung bestimmt.

Aus: Kurt Halbritter, „Gesellschaftsspiele“, © 1978 Carl Hanser Verlag, München, Wien

Harry Tobinski

HV

Arbeitslos

Es berichtet ein Jugendlicher, der die Schule ein Jahr vor dem Abitur aufgegeben hat. Ohne Schulabschluß ist er seit Monaten arbeitslos und wohnt immer noch bei seinen Eltern.

I. Hören Sie den Bericht und kreuzen Sie an, was nach dem Text richtig oder falsch ist:

	r	f
1. Der Junge geht zum Arbeitsamt, weil man ihn dorthin bestellt hat.	☐	☐
2. Er sollte in einem Supermarkt arbeiten, hatte aber keine Lust dazu.	☐	☐
3. Als er sich bei dem Supermarkt vorstellte, erfuhr er, daß die Stelle schon vergeben war.	☐	☐
4. Auf den Gängen im Arbeitsamt hingen Fotos und Statistiken.	☐	☐
5. Die jungen Leute, die vor dem Zimmer warteten, waren auch schon bei dem Supermarkt gewesen.	☐	☐
6. Der Angestellte ärgerte sich über die Bemerkungen des Jungen.	☐	☐

II. Hören Sie den Bericht noch einmal und beantworten Sie dann die folgenden Fragen:

1. Wie lange war der Junge schon arbeitslos?
2. Welchen Eindruck machte das Gebäude des Arbeitsamtes auf ihn?
3. Wie oft mußte er sich bisher melden?
4. Was für eine Arbeit bot man ihm an?
5. Wie hatte man ihm diesmal Bescheid gegeben?
6. Warum stellte er sich vor, obwohl es kein gutes Angebot war?
7. Was für andere Leute warteten bereits auf den Gängen?
8. Was wollte er die jungen Leute gern fragen?
9. Warum dauerte es so lange, bis er ins Zimmer reinging?
10. Was erklärte er dem Angestellten, als er die Karte zurückgab?
11. Welches Wort schockierte den Angestellten?
12. Wie viele Stellen hatte man ihm bereits angeboten?

III. Ergänzen Sie die Sätze im Sinn des gehörten Textes:

1. Der Jugendliche mußte sich einmal im Monat . . . . . .
2. Der Besuch beim Arbeitsamt hatte sich jedesmal . . . . . .
3. Als Aushilfe bei einem Supermarkt sollte er . . . . . .
4. Der Mann beim Supermarkt sagte ihm, daß . . . . . .
5. Die Arbeitsamtkarte muß . . . . . .
6. Die langen Gänge im Arbeitsamt sahen genau so aus . . . . . .
7. Vor Zimmer 24 saßen Leute und . . . . . .
8. Er traute sich nicht, die jungen Leute . . . . . .
9. Nach ungefähr 2 Stunden . . . . . .
10. Der Angestellte sagte, daß er im Moment . . . . . .
11. Der Jugendliche war sehr deprimiert und fragte sich . . . . . .

IV. Sagen Sie Ihre Meinung zu folgenden Fragen. Notieren Sie Stichwörter dazu:

1. Warum ist die Arbeitslosigkeit gerade bei Jugendlichen besonders hoch?
2. Welche Funktion hat das Arbeitsamt?
3. Was könnte ein Arbeitsloser sonst noch versuchen, um Arbeit zu finden?
4. Welche Möglichkeiten bietet Teilzeitarbeit?

V. Diskutieren Sie in Ihrer Gruppe über die Folgen der Arbeitslosigkeit. Beachten Sie dabei folgende Aspekte:

1. materielle Folgen: z. B. Konsumverzicht, Unsicherheit, Zukunftsplanung
2. psychologische Folgen: z. B. Frustration, soziales Ansehen, Probleme mit Familie oder Partner
3. Folgen für den Staat: z. B. Kosten, soziale Unzufriedenheit, politischer Druck

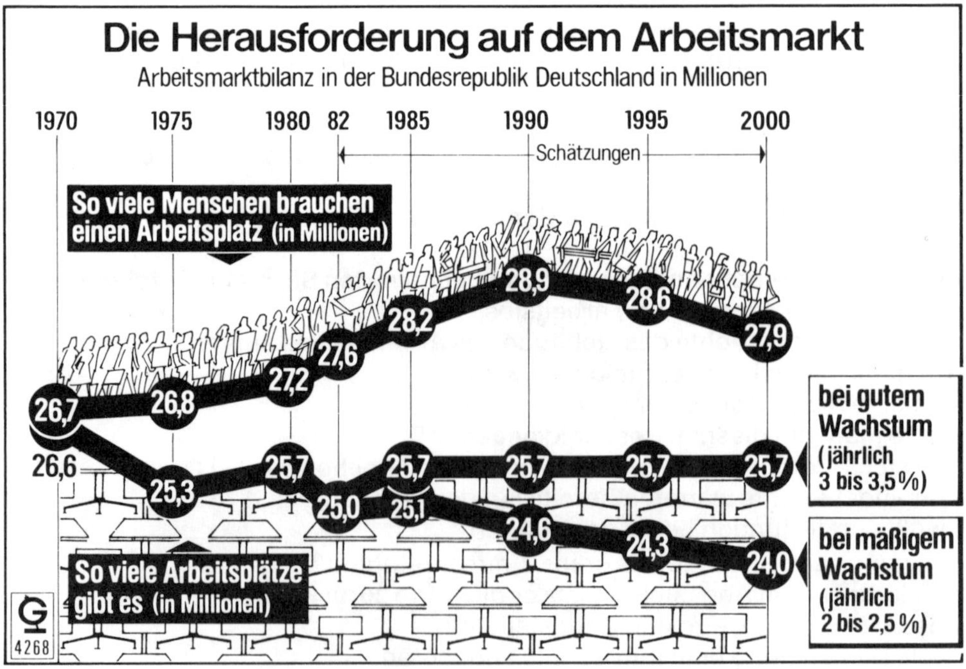

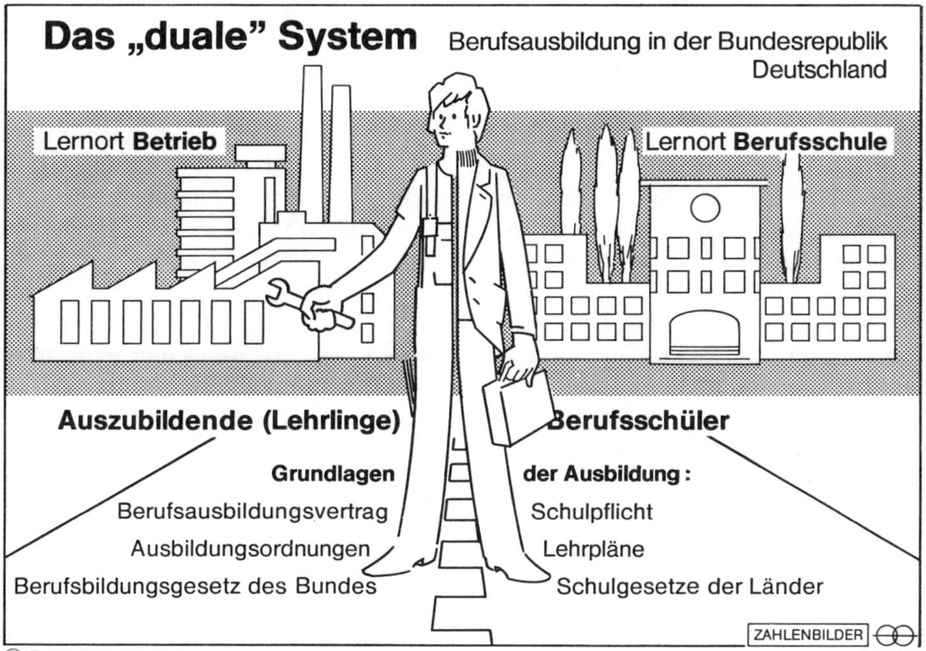

 264 201

Das „duale" System: Berufsausbildung in der Bundesrepublik Deutschland

Im Mittelpunkt des Berufsbildungswesens der Bundesrepublik Deutschland steht das sogenannte duale System, in dem zwei voneinander unabhängige Ausbildungsträger – Betrieb und Berufsschule – mit dem gemeinsamen Ziel der beruflichen Qualifizierung von Jugendlichen zusammenarbeiten.

Die betriebliche Berufsausbildung wird in Betrieben der Wirtschaft, in vergleichbaren Einrichtungen des öffentlichen Dienstes und der freien Berufe oder in Haushalten durchgeführt. Grundlage des Ausbildungsverhältnisses ist ein Berufsausbildungsvertrag, den der Auszubildende (Lehrling) mit einem Betriebsinhaber abschließt. Die Ausbildung darf in der Regel nur in einem der rund 450 staatlich anerkannten Ausbildungsberufe erfolgen, zu denen der jeweils zuständige Fachminister im Einvernehmen mit dem Bundesarbeitsminister eine verbindliche Ausbildungsordnung erläßt. Für eine Übergangszeit gelten zum Teil auch noch die bisherigen Berufsbilder und Berufsbildungspläne fort. In der Ausbildungsordnung sind die Bezeichnung des Ausbildungsberufes, die Ausbildungsdauer, die zu vermittelnden Fertigkeiten und Kenntnisse, ein Rahmenplan zur sachlichen und zeitlichen Gliederung des Ausbildungsprozesses und die Prüfungsanforderungen enthalten. In der Ausbildungsordnung kann auch festgelegt sein, daß ein Teil der Berufsausbildung in Einrichtungen außerhalb des Betriebs, z. B. in überbetrieblichen Lehrwerkstätten, durchzuführen ist. Koordinations-, Verwaltungs-, Aufsichts- und Prüfungsinstanz im Bereich der betrieblichen Ausbildung sind die Kammern (Industrie- und Handelskammern, Handwerkskammern usw.).

In der Berufsschule erhalten die Jugendlichen, die in einem Ausbildungsverhältnis stehen, vor allem fachtheoretischen Unterricht als Teil ihrer beruflichen Ausbildung. Rechtlich-organisatorisch gehört das Berufsschulwesen in die Zuständigkeit der Bundesländer, deren Schulpflichtgesetze von allen Jugendlichen bis zum Alter von 18 Jahren den Besuch einer (Teilzeit-)Schule verlangen. Die Kultusminister der Länder erlassen Rahmenlehrpläne für die Berufsschule, die mit den entsprechenden Ausbildungsordnungen inhaltlich möglichst eng verzahnt werden sollen.

Der Berufsschulunterricht erfolgt an 1–2 Tagen der Woche oder zu mehrwöchigen Unterrichtsblöcken zusammengefaßt im Wechsel mit der betrieblichen Ausbildung. Als neues Element wurde 1969 das Berufsgrundbildungsjahr in das deutsche Berufsbildungssystem eingeführt. Mit ihm soll in einem von 13 übergreifenden Berufsfeldern (z. B. Wirtschaft und Verwaltung, Metalltechnik, Elektrotechnik) eine mehr theoretisch orientierte berufliche Grundbildung vermittelt werden.

Berufsbildungseinrichtungen bestehen auch außerhalb des „dualen" Systems; die wichtigsten sind die vollzeitlichen Berufsfachschulen.

6

LV1 *Sedat Çakir*

Der Grieche Mano

Da ist zum Beispiel der Grieche Mano, gerade neunzehn Jahre alt. Er arbeitet in einer Maschinenfabrik als gelernter Schlosser, neben seinem Vater und anderen Ausländern, die Hilfsarbeiter sind. Mano hat es geschafft, hier in Deutschland eine Lehre abzuschließen. Mano selbst kommt nicht in unser Büro, aber sein Vater Dimitri kommt öfter. Er war früher einfacher griechischer Landarbeiter im Bergland Mazedonien. Vor etwa zwölf Jahren ist er nach Deutschland gekommen und bekam eine Arbeit in einer Textilfabrik. Für die Vermittlung dieser Arbeit hat er in Griechenland seine paar Schafe hergegeben. Sein deutscher Arbeitslohn betrug damals drei Mark die Stunde, bei Schichtarbeit. Sein Traum, in ein paar Jahren genug Geld gespart zu haben, um sich einen eigenen Bauernhof in Griechenland aufbauen zu können, ist sehr schnell zerronnen. Nach zwei Jahren holte er dann eben seine Familie zu sich nach Deutschland.

Wenn ich Dimitri heute frage, ob er hier bleiben will, weiß er keine Antwort. Er hat eine unbefristete Arbeitserlaubnis. Sein Lohn ist gut, er verdient jetzt zwölf Mark fünfzig in der Stunde, ohne Schichtarbeit. Ich habe ihn auch gefragt, ob er sich im Gegensatz zu den deutschen Arbeitskollegen benachteiligt fühlt. Er hat gesagt: Nein, die Deutschen verdienen mehr, aber sie sind ja auch Facharbeiter und nicht Hilfsarbeiter wie ich. Irgendwie benachteiligt fühlt er sich nicht.

Dimitri hat sich seit vielen Jahren nicht krank gemeldet, damit die Betriebsleitung mit ihm zufrieden ist. Wenn es ihm schlecht geht, dann nimmt er unbezahlten Urlaub. Wirklich krank geschrieben war er überhaupt nur einmal, als er eine Magenblutung hatte und ins Krankenhaus mußte. Jetzt nimmt er Tabletten und sagt, er hätte keine Beschwerden mehr. Die Magenblutung hatte er, nachdem er und seine Kollegen versucht haben, einen Betriebsrat zu gründen. Das ist gescheitert. Die Betriebsleitung war dagegen, weil dadurch nur unnütze Fronten aufgebaut worden wären.

Dimitri sagt, er hat es nicht bereut, nach Deutschland gekommen zu sein. Man könnte hier doch sehr gut leben, wenn man sich ein wenig anpaßt. Nur, so hat er das Gefühl, vielleicht wird man ihn plötzlich auch wieder zurückschicken, ohne ihn zu fragen, ob er hier leben will.

Aus: Sedat Çakir, „Herholen und Wegschicken", in: „Ausländerbuch für Inländer – Bausteine zum Begreifen der Ausländerprobleme", hgg. von Pea Fröhlich und Peter Märthesheimer, Fischer Taschenbuch Verlag, Frankfurt/Main 1980

HA I. Lesen Sie den Text genau durch, schlagen Sie die unbekannten Wörter nach und notieren Sie, von welchen Personen die Rede ist.

II. Unterscheiden Sie die Teile im Text:

a) in denen der Autor über Dimitri berichtet
b) in denen Dimitri selbst seine Meinung äußert
(Unterstreichen Sie die Fragen/Antworten.)

III. Fragen zum Verständnis

1. Woher stammen Mano und Dimitri?
2. Wo arbeitet Mano? Wo arbeitet Dimitri?
3. Welche berufliche Qualifikation hat Mano?
4. Was hat Dimitri früher getan?
5. Wie hat er seine Fahrt nach Deutschland finanziert?
6. Welchen Plan hatte Dimitri, als er nach Deutschland ging?
7. Warum verdient Dimitri weniger als seine deutschen Arbeitskollegen?
8. Wie lange will er in Deutschland bleiben?

9. Was macht Dimitri, wenn er krank ist?
10. Weshalb bekam er einmal eine Magenblutung?
11. Woran ist die Gründung eines Betriebsrats gescheitert?
12. Was meint Dimitri zum Leben in Deutschland?
13. Was beunruhigt ihn?

IV. Erklären Sie bitte:

1. Was für Arbeiten macht ein Schlosser?
2. Was ist der Unterschied zwischen Hilfsarbeiter und Facharbeiter?
3. Was ist Schichtarbeit?
4. Welche Funktion hat ein Betriebsrat?

V. Diskutieren Sie folgende Aspekte und Fragen. Sagen Sie Ihre Meinung dazu. Notieren Sie Argumente und Beispiele:

1. Warum hat Dimitri seinen Traum vom eigenen Bauernhof nicht verwirklichen können?
2. Was hätte Dimitri tun können, um eine bessere Qualifikation zu erreichen?
3. Vergleichen Sie die Chancen von Dimitri und seinem Sohn Mano.
4. Wie sehen Sie Dimitris Verhalten im Betrieb?

VI. Schreiben Sie ein paar Zeilen zu folgenden Punkten:

1. Vergleichen sie das Leben eines Hilfsarbeiters in Deutschland mit dem eines Landarbeiters in einem Entwicklungsland.
2. Was müßte geschehen, damit Gastarbeiter nach einer bestimmten Zeit in ihre Heimat zurückkehren und sich dort eine Existenz aufbauen könnten?

VII. Ergänzen Sie die fehlenden Verben:

1. Mano hat es . . . . ., eine Lehre in Deutschland . . . . ..
2. Sein Arbeitslohn . . . . . 3 Mark.
3. Er möchte sich einen eigenen Bauernhof . . . . ..
4. Leider war sein Traum bald . . . . ..
5. Mit DM 12,50 die Stunde . . . . . Dimitri nicht schlecht.
6. Er . . . . . sich nicht oft krank.
7. Zusammen mit Kollegen wollte er einen Betriebsrat . . . . ..
8. Der Versuch ist dann aber . . . . ..
9. Wer sich . . . . ., kann hier gut leben.

VIII. Attributive Funktion des Partizip Perfekt einiger Verben mit aktiver Bedeutung. Bilden Sie analoge Beispiele:

1. Einer, der Schlosser gelernt hat, ist ein gelernter Schlosser.
2. Einer, der Physik studiert hat, ...
3. Ein Offizier, der gedient hat, ...
4. Ein Ingenieur, der promoviert hat, ...
5. Einer, der Schießen geübt hat, ist ein . . . . . Schütze.
6. Einer, der Bäcker gelernt hat, ...

IX. Interview: Sie sind Reporter und befragen Dimitri über sein Leben in Deutschland.

Aus: Kurt Halbritter, „Gesellschaftsspiele", © 1978 Carl Hanser Verlag, München, Wien

BT2 *Peter O. Chotjewitz*
Fabrikarbeit

Jürgen ist es gewohnt, eine Arbeit von Anfang bis Ende selbst vorzubereiten und durchzuführen. Bei Adolf rechnete jeder Geselle sich aus, was für Material und Werkzeug er brauchte, und besprach die Arbeit mit dem Meister. Zum Schluß sah man, was man geleistet hatte.
Während seiner Zeit bei Fahlbusch & Siebert sieht Jürgen nicht, wo das von ihm bearbeitete Blech herkommt und wo die von ihm geschnittenen Streifen hingehen. Nie bekommt er das fertige Produkt zu sehen.
Zur scheinbaren Sinnlosigkeit seiner Arbeit kommt die Eintönigkeit. Alle 55 Sekunden wiederholt sich derselbe Arbeitsvorgang. Pro Blechtafel entstehen elf Streifen plus Reststreifen. Die Norm, im Ermittlungsbogen als Zeitbedarf bezeichnet, beträgt acht Minuten für 100 Streifen. Aber es handelt sich nicht um den Zeitbedarf den Jürgen hat, sondern den die Betriebsleitung vorschreibt. So werden Sinnlosigkeit und Eintönigkeit vom Streß überdeckt, um nach Feierabend mit um so größerer Wut hervorzubrechen. Die Arbeitszeit erscheint als ein unerhörtes, riesiges Loch im Leben.
In der Fabrik hat Jürgen das Gefühl, gefangen zu sein, total unterworfen, ohne eine Möglichkeit der Befreiung. Es macht ihn wütend, daß jemand ihn einfach in seiner Bewegungsfreiheit einschränken kann, ihm vorschreibt, wie schnell er zu arbeiten hat, wann er Pausen machen darf, was er zu tun hat.
Zugleich spürt er die Auswegslosigkeit. Jede andere Tätigkeit, die man ihm bei Fahlbusch & Siebert zuweisen würde, wäre genauso stupide und anstrengend. Er kann sich nicht vorstellen, daß es in der Firma irgendeine befriedigende Tätigkeit gibt.

Aus: Peter O. Chotjewitz, „Der dreißigjährige Friede", © by Claassen Verlag, Düsseldorf 1977

I. Lesen Sie den Text durch und schlagen Sie die unbekannten Wörter nach. **HA**

II. Vergleichen Sie diese Sätze mit dem Text. Welche sind richtig, welche falsch?

	r	f
1. Jürgen ärgert sich, weil er bei Adolf alles selbst machen mußte.	☐	☐
2. Bei Adolf berechnete sich jeder Geselle seinen Materialverbrauch selbst.	☐	☐
3. Bei Jürgens früherer Arbeit sah man am Ende das fertige Produkt, bei seiner jetzigen bekommt man es nie zu sehen.	☐	☐
4. Seine jetzige Arbeit erscheint Jürgen sinnlos.	☐	☐
5. Man erwartet von Jürgen, daß er 100 Streifen in acht Minuten schneidet.	☐	☐
6. Jürgen fühlt sich in der Fabrik wie ein Gefangener.	☐	☐
7. Er ist dumm, darum gibt ihm die Firma keine andere Arbeit.	☐	☐
8. Seine Arbeit ist einerseits eintönig, andererseits sehr anstrengend.	☐	☐
9. Jürgen hat das Gefühl, daß seine Arbeit bei Fahlbusch & Siebert ihm einen Teil seines Lebens raubt.	☐	☐

III. Zum Verständnis

1. Wie arbeitete Jürgen bei Adolf?
2. Wie unterscheidet sich seine Arbeit bei Fahlbusch & Siebert davon?
3. Worin besteht seine Arbeit bei Fahlbusch & Siebert?
4. Wodurch zeichnet sich seine Arbeit bei der neuen Firma aus?
5. Welches Gefühl vermittelt ihm seine Arbeit bei der neuen Firma?
6. Warum läßt er sich nicht an einen anderen Arbeitsplatz versetzen?

IV. Was ärgert Jürgen?

Beispiel: Die Arbeit ist scheinbar sinnlos.
die scheinbare Sinnlosigkeit seiner Arbeit

1. Die Arbeit ist eintönig.
2. Seine Situation ist auswegslos.
3. Die Arbeit ist stupide.
4. Die Pausen sind sehr kurz.
5. Er ist selbst sehr unzufrieden.

V. Drücken Sie den Inhalt der folgenden Sätze mit den angegebenen Wörtern und Wendungen aus! Setzen Sie begonnene Sätze fort!

Beispiel:
Jürgen ist es gewohnt, eine Arbeit von Anfang bis Ende selbst vorzubereiten und durchzuführen.

a) . . . vollständig . . .
b) Normalerweise . . .
c) . . . selbständige Vorbereitung. . .

a) Jürgen ist es gewohnt, eine Arbeit vollständig selbst vorzubereiten und durchzuführen.
b) Normalerweise bereitet Jürgen eine Arbeit vollständig von Anfang bis Ende selbst vor und führt sie durch.
c) Jürgen ist die selbständige Vorbereitung und Durchführung einer Arbeit von Anfang bis Ende gewohnt.

1. Bei Adolf rechnete jeder Geselle sich aus, was für Material und Werkzeug er brauchte und besprach die Arbeit mit dem Meister.
   a) Bei Adolf war es üblich . . ..
   b) Bei Adolf rechnete jeder Geselle seinen Bedarf . . ..
   c) . . . sprechen über . . ..
2. Während seiner Zeit bei Fahlbusch & Siebert sieht Jürgen nicht, wo das von ihm bearbeitete Blech herkommt und wo die von ihm geschnittenen Streifen hingehen.
   a) Während Jürgen bei Fahlbusch & Siebert . . ., . . . woher das Blech kommt, das er . . . und wohin die Streifen gehen, ...
   b) . . . passieren mit . . ..
3. Zur scheinbaren Sinnlosigkeit seiner Arbeit kommt die Eintönigkeit.
   . . . sinnlos erscheinen . . . nicht nur . . . sondern auch . . ..
4. Die Norm, im Ermittlungsbogen als Zeitbedarf bezeichnet, beträgt acht Minuten für 100 Streifen.
   Die Norm, die . . .
5. So werden Sinnlosigkeit und Eintönigkeit von Streß überdeckt, um nach Feierabend mit um so größerer Wut hervorzubrechen.
   a) So überdeckt der Streß . . ., die . . ..
   b) Vom Streß überdeckt . . . nach Feierabend . . .
6. Zugleich spürt er die Auswegslosigkeit.
   a) Zugleich spürt er, wie . . ..
   b) Einen Ausweg . . ..

VI. Dialogübung

Jürgen kann die Arbeit bei Fahlbusch & Siebert nicht mehr ertragen, deshalb geht er ins Personalbüro, um zu kündigen. Der Leiter des Personalbüros fragt ihn, warum er kündigen will. Setzen sie die Unterhaltung fort:

Leiter: Wir hören, daß Sie unsere Firma verlassen wollen. Gefällt es Ihnen bei uns nicht?

Jürgen: Ich arbeite in Ihrer Firma seit einem Monat. Ich sitze an einer Maschine, die Blechtafeln in Streifen schneidet.

Leiter: Ach ja, das ist doch eine saubere und nicht sehr anstrengende Arbeit, oder?

Jürgen: Schon, aber . . ..

VII. Zur Diskussion

1. Welche Vor- und Nachteile bringt die Zerlegung des Arbeitsprozesses in kleinste Arbeitsschritte für die betroffenen Arbeiter?
2. Was für eine Arbeit würden Sie nicht als entfremdet ansehen?

Klaus Pokatzky

Lothar

LV2

Wenn Lothar aus dem Fenster schaut, sieht er Beton. Wenn er auf die Straße geht, begegnet er Menschen, die „alle hier wohnen und sich doch nicht kennen". Im Jugendkeller trifft er Freunde, die 'rumhängen und ihre Langeweile im Bier ertränken. Lothar, 18, ist einer von 600 Jugendlichen, die auf dem „Holtenser Berg", einem Retortenvorort von Göttingen, leben. Er ist ein ganz „normaler" Junge und doch in seinem Freundeskreis eine Ausnahme: Er hat eine Lehrstelle. Er kann Pläne für die Zukunft schmieden. Seine Freunde haben nicht so „unheimlich viel Glück" gehabt.

Morgens um halb sieben, wenn es die Hälfte des Jahres noch dunkel ist und die meisten aus dem Jugendkeller ihren Rausch ausschlafen, steht Lothar an der Bushaltestelle. Manchmal beneidet er seine Freunde, weil sie so viel Zeit haben, aber da er viel Spaß an seiner Arbeit hat, verfliegen diese Gedanken, sobald er den Blaumann überstreift.

Vormittags macht Lothar zusammen mit seinem Gesellen Kundenbesuche. Es macht ihm Spaß, Rohre zu installieren und Badewannen einzusetzen, und sein Traum ist, gleich nach der Lehre noch den Meister zu schaffen und sich zusammen mit dem Vater selbständig zu machen.

Fußball ist Lothars ganze Leidenschaft. Das Kicken im „TSV Holtensen" hat angenehme Pflichten in sein Freizeitleben gebracht. Statt, wie viele seiner Freunde, nur 'rumzuhängen, trainiert und spielt er regelmäßig, und manchmal fährt er nach Hamburg, um seinen Lieblingsverein, den HSV, anzufeuern.

In den Jugendkeller, den einzigen Treff seines Viertels, geht Lothar nur noch selten. Zuviel Suff, Zoff und Randale. Aber er kann seine Kumpels verstehen: Keine Arbeit, kein Geld, keine Freizeit nach Wunsch – da bleibt den meisten nur die Flucht in den Alkohol.

Mit seiner Familie kommt Lothar gut klar. Richtiggehend vernarrt ist er in seinen dreijährigen Bruder. Als der Nachzügler kam, war das „so'n richtig erhabenes Gefühl". Ihm tut er öfter was in die Sparbüchse oder kauft ihm Spielzeug. Lothar verdient im ersten Lehrjahr 341 Mark monatlich. Davon gibt er der Mutter 100 Mark Kostgeld, 50 Mark legt er zur Seite, um irgendwann mal „ne richtig schöne Schiffsreise" zu machen.

Aus: Klaus Pokatzky, „Lothar" in: ZEITmagazin, Hamburg, 16. 7. 82,

I. Lesen Sie den Text und schlagen Sie die unbekannten Wörter nach. **HA**

II. Fragen zum Verständnis

1. Welche Vorteile hat Lothar gegenüber seinen gleichaltrigen Freunden?
2. Wie unterscheidet sich sein Leben von dem seiner Freunde?
3. Worin zeigt sich Lothars positive Einstellung, sein Optimismus?

III. Vergleichen Sie Lothars Leben mit dem seiner Freunde.
Benutzen Sie die vorgegebenen Strukturen:

Beispiel:

Während Lothar früh morgens an der Bushaltestelle steht, schlafen seine Freunde ihren Rausch aus.

Lothar steht früh morgens an der Bushaltestelle. Seine Freunde hingegen (dagegen) schlafen ihren Rausch aus.

Lothar	*seine Freunde*
1. Lehrstelle	kein Glück
2. Zukunftspläne	keine Perspektive
3. Kundenbesuche	zu Haus, Langeweile
4. Fußball	rumhängen
5. Geld verdienen	keine Arbeit, kein Geld
6. Freude in der Familie	Jugendkeller, Alkohol

IV. Lothar berichtet in einem Brief über seinen Tageslauf.
(Lehre, Sport, Familie, Jugendkeller usw.).
Morgens, wenn es noch dunkel ist, gehe ich zur Bushaltestelle. Das fällt mir zwar schwer, aber . . .
Schreiben Sie in seinem Sinn weiter!

„Auf die Einführung der 20-Stunden-Woche zu warten – ist dir das als Lebensaufgabe nicht zuwenig, mein Junge?“

Kapitel 7 – Ferien und Freizeit

Wer die entsprechenden Statistiken liest, kann feststellen, daß die Bürger der Bundesrepublik zu den reiselustigsten Nationen der Erde zählen. Das war nicht immer so. Nach der langen Isolierung während des Dritten Reichs und den darauffolgenden Jahren des anstrengenden Wiederaufbaus im eigenen Land bestand ein großer Nachholbedarf. Zuerst vereinzelt, dann in immer größerer Zahl, begannen die Deutschen zu reisen. Zuerst in die westlichen und südlichen Nachbarländer, später in immer fernere Länder. In den siebziger Jahren hatte der Massentourismus alle Schichten der Bevölkerung erfaßt.

Daneben und bald im bewußten Gegensatz dazu entwickelte sich das individuelle, alternative Reisen. Besonders Jugendliche pflegen diese einfache, improvisierende Art des Reisens, um andere Länder, andere Menschen und andere Lebensformen kennenzulernen.

In letzter Zeit läßt sich auch wieder ein verstärktes Interesse an Ferien im eigenen Land, an Erholung in vertrauter Umgebung beobachten.

„Das Gefühl da draußen – da geht nix drüber“ BT1

Die neue Reisewelle der deutschen Jugend

Irre, einfach irre“, fand Susanne Wicht, eine Fünfundzwanzigjährige aus Frankfurt, ihre Reise nach Spanien, und verrückt genug war es schon.

Weil es sie so überkam, hatte sie sich mit Wolf und Lena aus Marburg zur Fiesta „San Fermin“ in Pamplona verabredet, Treffpunkt Café Tropicana. Und am nächsten Morgen ging es los, vom Autobahn-Westkreuz aus, der bevorzugten Tramperstation im Rhein-Main-Gebiet, zusammen mit Freundin Herta.

36 Stunden später, nach einem Dutzend Etappen in schaukelnden Citroën-Enten und klapprigen Lieferwagen, standen die beiden tatsächlich vor dem Tropicana, übermüdet und hungrig, aber pünktlich. Doch das blieb dann auch ziemlich das einzige, was klappte.

Ein Dach überm Kopf war nicht mehr zu bezahlen, nachdem den Mädchen im Festgewühl Bargeld und Papiere gestohlen worden waren. Und die spanische Sonne, die doch bei Tag und Nacht scheinen soll, machte sich selten. In Kälte und Regen kampierte Susanne samt Freundin zumeist im Freien. Freunde, die Verpflegung beisteuerten, linderten die Lage ein bißchen; ein amerikanischer Tourist spendierte eine Handvoll Dollar und Karten für Stierkämpfe. Nachts gab's Rotwein frei im Kreise anderer Tramper.

„Ganz schön chaotisch“ verlief schließlich auch die Rückreise. Nichts mehr zu essen, die letzte Cola wurde geteilt. Herta hatte Fieber, und Susanne zertrümmerte beim Handgemenge mit einem Lastwagenfahrer, der zu fingern anfing, ihre Armbanduhr.

Mit 1,10 Mark und zerrissenen Jeans tauchte Susanne Wicht nach zehn Tagen wieder daheim auf, aß den Kühlschrank leer und schlief dann 24 Stunden lang. Die Reise war, wie sie fand, „wunder-wunderschön“.

Und es war eine Bilderbuchreise: Hunderttausende junger Bundesbürger, oft minderjährig, haben sich diesen Sommer auf den Trip durch Europa gemacht, deutlich mehr noch als schon im letzten Jahr. Rudelweise übersprenkeln Touristen von seltsamer Gestalt die Strände und Metropolen, mit Schlafsack und Rucksack, Schlotterjacke und Gummimatte.

Sie lagern, Jeans an Jeans, auf den Wiesen am Eiffelturm oder in Rom auf der Spanischen Treppe; sie kauern tagelang in den Gängen überfüllter Züge, und sie machen, wenn auch nur für ein paar Stunden, einen Abstecher nach Casablanca, Bogeys Filmwelt mit der Seele suchend.

Sie sind meist knapp bei Kasse und leben von Weißbrot und Dosenbier, fallen gelegentlich unter die Räuber. Und das Gros hat auch noch seinen Spaß daran.

Was besorgten Eltern schlechte Nächte bereitet, bringt einer zunehmenden Zahl von Jugendlichen offenbar schieres Vergnügen – womöglich ein mobiler Protest gegen die verwaltete Welt, die auch noch den Reisenden gängelt, ganz sicher ein Ausgleich für soziale Defizite, die sich an Arbeitsplätzen oder in Klassenräumen ergeben haben.

Aus: „Der Spiegel" Nr. 39, Hamburg, 21. 9. 81

I. Überlegen Sie, warum Sie gerne verreisen, mit welchem Verkehrsmittel und mit wem zusammen Sie am liebsten auf Reisen gehen. Machen Sie sich stichwortartige Notizen, tauschen Sie Ihre Erfahrungen innerhalb der Gruppe aus und tragen Sie sie vor.

HA II. Lesen Sie den Text aufmerksam durch und schlagen Sie unbekannte Wörter nach.

III. Welche Satzteile passen zusammen?

1. Susannes Reise nach Spanien	a) fuhr Susanne vom Autobahn-Westkreuz ab.
2. Mit Wolf und Lena	b) kamen die beiden Mädchen in Pamplona an.
3. Mit der Freundin Herta	c) konnten die Mädchen kein Hotel bezahlen.
4. Nach einer Reise von 36 Stunden	d) war verrückt genug.
5. Weil ihnen die Papiere und Bargeld gestohlen worden waren	e) wieder nach Hause.
6. Nach zehn Tagen kam Susanne Wicht	f) in Rom, in Paris und in Casablanca.
7. Hunderttausende von jungen Leuten aus der Bundesrepublik	g) hatte Susanne sich in Pamplona verabredet.
8. Man sieht die jungen Leute	h) sind auf ähnliche Weise durch Europa gereist.
9. Oft haben die jungen Leute wenig Geld	i) ein Protest gegen die verwaltete Welt und ein Ausgleich für soziale Defizite.
10. Vielleicht ist diese Art zu reisen	j) und werden manchmal auch bestohlen.

IV. Wie steht das im Text?

1. Aus einer plötzlichen Stimmung heraus hatte sie sich in Pamplona verabredet.
2. Die Fahrt begann am nächsten Morgen.
3. Ein Hotelzimmer war nicht mehr zu bezahlen.
4. Die spanische Sonne war selten zu sehen.
5. Sie wohnte unter freiem Himmel.
6. Rotwein wurde umsonst angeboten.
7. Sie kam nach zehn Tagen wieder zu Hause an.
8. Den meisten macht es Vergnügen.

V. Drücken Sie die Sätze mit den angegebenen Wörtern und Wendungen aus, oder setzen Sie die Sätze fort:

1. „Irre, einfach irre", fand Susanne Wicht, eine Fünfundzwanzigjährige aus Frankfurt, ihre Reise nach Spanien.
   a) Susanne Wicht war der Meinung . . .
   b) Ihre Reise nach Spanien beurteilte Susanne Wicht . . .
2. Doch das blieb dann auch ziemlich das einzige, was klappte.
   a) Außerdem . . .
   b) Davon abgesehen . . .
   c) . . . das einzige, . . . die Mädchen Glück hatten.
3. Ein Dach überm Kopf war nicht mehr zu bezahlen, nachdem den Mädchen im Festgewühl Bargeld und Papiere gestohlen worden waren.
   a) Ein Hotelzimmer konnten . . .
   b) . . . bezahlbar . . .
4. Hunderttausende junger Bundesbürger, oft minderjährig, haben sich diesen Sommer auf den Trip durch Europa gemacht.
   a) Zu Hunderttausenden reisen . . .
   b) Hunderttausende . . . verbringen ihre Ferien, indem . . .
5. Was besorgten Eltern schlechte Nächte bereitet, bringt einer zunehmenden Zahl von Jugendlichen offenbar schieres Vergnügen.
   a) Während die Eltern . . . finden . . .
   b) Den Eltern bereiten diese Reisen . . .. Immer mehr Jugendliche aber . . ..

VI. Susanne Wicht schreibt einen Brief an eine Freundin und berichtet von ihrer Reise.

VII. Zur Diskussion

1. Wie können sich bestimmte Verhaltensweisen zu Moden entwickeln?
2. Suchen junge Leute immer Abenteuer, und verändern sich nur die Formen?

„Die ganze Zeit nur schönes Wetter, kein Knast, keine Krankheit – das dürfen wir zu Hause gar keinem erzählen"

Zeichnung: Erich Rauschenbach

7

LV *Jochen Hindelang*

Erwartungen vor der großen Fahrt

,,Zwei Monate nach Ostafrika – was willst du dort eigentlich machen?", werde ich fast immer gefragt, wenn ich jemandem von meinem Plan erzähle. Um meine Motivation zu erklären, möchte ich erst beschreiben, wie sich dieses Vorhaben entwickelt hat.

Als ich auf der Schule war, habe ich mir oft vorgenommen, nach meinem Abitur nicht gleich auf die nächste Lehranstalt, sprich Uni, zu gehen, sondern erst einmal die Chance zu nützen, eine große Reise machen zu können, um etwas ganz anderes kennenzulernen und frei zu sein von allen Alltagsverpflichtungen.

Verstärkt hatte sich der Wunsch dadurch, daß ich einiges über Entwicklungsländer gelesen, gesehen und gehört habe, Reiseberichte, wie auch Berichte über die Schwierigkeiten, mit denen die Entwicklungsländer zu kämpfen haben. In vielen Gesprächen und Diskussionen hörte ich völlig verschiedene Ansichten. Aber irgendwie ließ es mich unbefriedigt, mich nur theoretisch damit auseinanderzusetzen. Ich wollte selbst einmal kennenlernen, wie es in diesen Ländern wirklich aussieht, vor allem, wie die Menschen dort leben.

Warum ich aus den vielen fernen Ländern gerade Ostafrika als mein Reiseziel auswählte, hat viele Gründe.

In Ostafrika wird neben der Landessprache auch Englisch gesprochen, die einzige Fremdsprache, in der ich mich einigermaßen verständigen kann. Auf dem Land werde ich wohl trotzdem leichte Sprachschwierigkeiten haben. Zudem reizt es mich sehr, die dortige Natur und den Wildreichtum zu erleben. Es muß unbeschreiblich schön sein, durch die Savannen- und Buschlandschaften zu streifen, Tiere, die man ansonsten nur im Fernsehen oder im Zoo beäugen kann, in ihrem natürlichen Lebensraum zu beobachten, oder an einem bizarren Riff entlang zu schnorcheln. Wenn ich viel Glück habe, treffe ich vielleicht auch irgendwo eine zoologische Forschungsgruppe, die in einem Dorf gerade Vorräte besorgt, und die man dann ja schließlich ansprechen könnte. Da ich auch sehr stark politisch interessiert bin, möchte ich in jedem Fall Tansania und Kenia besuchen. Ich bin unheimlich neugierig, wie sich die beiden Nachbarstaaten unter völlig verschiedenen Regierungsformen entwickelt haben und mit ihren Problemen fertig werden.

Eine Rolle bei meiner Wahl spielte natürlich auch, daß ich ein Land besuchen wollte, wo ich nicht fürchten muß, einen Kopf kürzer zu werden, was beispielsweise in Uganda leicht der Fall sein könnte. Kenia und Tansania haben zudem ein Klima, das für Europäer noch relativ erträglich ist.

Zu guter Letzt möchte ich etwas davon spüren, wie sich der Tourismus für ein Land der ,,Dritten Welt" auswirkt.

Aus: Bergmann/Hammann/Ockenfuß (Hg.) ,,Abhauen", Sachbuch 7404, © 1981 by Rowohlt Taschenbuch Verlag, Reinbek b. Hamburg

HA I. Lesen Sie den Text genau durch, schlagen Sie die unbekannten Wörter nach und unterstreichen Sie:

1. Welche allgemeinen Motive für sein Vorhaben gibt der Autor an? (Zeile 7 bis 25)
2. Aus welchen besonderen Gründen fiel seine Wahl gerade auf Ostafrika? (Zeile 26 bis 61)

II. Notieren Sie in Stichwörtern alle Aspekte, für die sich der Autor interessiert.
(Geben Sie auch die Zeile an, auf die sich das jeweilige Stichwort bezieht.)

III. Fragen zum Verständnis

1. Warum beschreibt der Autor zuerst, wie sich sein Plan entwickelt hat?
2. Welche Chance sieht er in einer großen Reise?
3. Woher stammen seine Informationen über Entwicklungsländer?

4. Warum wollte er mehr als eine theoretische Auseinandersetzung?
5. Wie stellt er sich die sprachliche Veränderung vor?
6. Wie möchte er die Natur erleben?
7. Was interessiert ihn besonders an Tansania und Kenia?
8. Warum hat er beispielsweise nicht Uganda gewählt?

IV. Ergänzen Sie die Hauptsätze durch Nebensätze mit „wie", bzw. Inf. + zu, so daß korrekte Aussagen entstehen:

Beispiele: a) Er möchte gern wissen, *wie die Leute dort leben.*
b) Er hat den festen Plan, *nach Afrika zu reisen.*

1. Er versuchte zu beschreiben,
2. Es ließ ihn unbefriedigt,
3. Er hatte sich vorgenommen,
4. Es muß sehr schön sein,
5. Er wollte im Land selbst sehen,
6. Es reizt ihn besonders,
7. Er war sehr neugierig,
8. Er braucht nicht zu befürchten,
9. Er hatte schon lange den Wunsch,
10. Er möchte gern spüren,

a) durch die weiten Savannen zu streifen.
b) wie die Nachbarstaaten mit ihren Problemen fertig werden.
c) sich nur in der Theorie damit auseinanderzusetzen.
d) Tiere in ihrer natürlichen Umwelt zu beobachten.
e) die Gelegenheit zwischen Abitur und Uni zu nützen.
f) wie sich zwei Länder mit verschiedenen politischen Systemen entwickelt haben.
g) eine große Reise zu unternehmen.
h) wie die Menschen in diesen Ländern leben.
i) wie sich der Tourismus in der Dritten Welt auswirkt.
j) die Natur und den Wildreichtum zu erleben.
k) einen Kopf kürzer zu werden.
l) an einem Riff entlang zu schnorcheln.
m) wie die Realität in diesen Ländern aussieht.
n) von allen Alltagsverpflichtungen frei zu sein.
o) wie sich die Idee zu diesem Projekt entwickelt hat.

V. Machen Sie sich zu folgenden Punkten Notizen und diskutieren Sie Ihre Meinung mit anderen Partnern:

1. Mit welchen Schwierigkeiten haben Entwicklungsländer zu kämpfen? Geben Sie Beispiele und nennen Sie Gründe.
2. Vergleichen Sie, wie verschiedene politische Systeme ihre Probleme verschieden zu lösen versuchen. Führen Sie Beispiele an.
3. Wie wirkt sich der Tourismus in Ländern der Dritten Welt aus? Welche Vorteile, bzw. welche Nachteile bringt er und welche Folgen hat er?

VI. Planspiel

Diskutieren Sie Projekte für eine Studienreise in ein fernes, fremdes Land, das sie kennenlernen möchten. Planen Sie verschiedene Alternativen. Notieren Sie die wichtigsten Bedingungen, Möglichkeiten, Ziele: z. B.
verfügbare Zeit, Kosten, Transportmittel, Vorbereitung durch Lektüre, Kontakte usw., Interessen/Ziele: Landschaft, Menschen, Traditionen, zeitlicher Ablauf: wo? wie lange? usw.

HV *Hasso R.*

Freizeit

I. Hören Sie den Text und kreuzen Sie an, was richtig ist:

1. Der Mann ist in seiner Freizeit
   a) sehr aktiv
   b) uninteressiert
   c) faul und bequem
   d) müde und erschöpft
2. Von welchen Möglichkeiten, die Freizeit zu verbringen, spricht der Mann?
   - ☐ Musik hören
   - ☐ Schlafen
   - ☐ Fernsehen
   - ☐ neue Menschen kennenlernen
   - ☐ Kino besuchen
   - ☐ im Bus spazierenfahren
   - ☐ Wandern
   - ☐ ins Ausland reisen
   - ☐ Sport treiben
   - ☐ zu Haus arbeiten

II. Hören Sie den Text noch einmal und verbinden Sie die Sätze, die zusammengehören:

1. Abends ist er kaputt und ausgelaugt,
2. Beim Aufstehen ist er immer müde,
3. Er bleibt lieber zu Hause vor dem Fernseher,
4. Er fühlt sich als neuer Mensch,
5. Er unternimmt nicht viel,
6. Er geht nicht gern ins Kino,
7. Wer meint, daß Sport frei macht,
8. Das Wochenende ist am schlimmsten für ihn,
9. Es hat keinen Sinn, am Sonntag rauszufahren
10. Er würde schon gern mit Kumpels Urlaub machen,
11. Ein Urlaub in Spanien oder Portugal würde ihm gefallen,
12. Als Kind war er mit der Familie in Urlaub

a) weil er nicht gern in der Kälte wartet.
b) weil er es sich eigentlich nicht leisten kann.
c) weil am Montag ja wieder die harte Arbeit beginnt.
d) aber die Vorbereitungen sind ihm zu aufwendig.
e) weil er nicht gut schlafen kann.
f) weil er hart anpacken muß.
g) aber er hat Angst vor der Rückkehr.
h) weil er da in Ruhe sein Bier trinken kann.
i) der belügt sich nur selbst.
j) wenn er sich umgezogen und geduscht hat.
k) weil er nicht weiß, wie er die Zeit totschlagen soll.
l) wenn er es sich zu Hause gemütlich macht.
m) weil das einfach nicht stimmt.
n) und tigerte durch die Wälder des Harz.

III. Rollenspiel: Suchen Sie sich einen Partner. Schlagen Sie ihm ein interessantes Programm vor. Überzeugen Sie ihn, obwohl er wenig Lust hat. Notieren Sie sich Argumente:

Vorschläge:
ein Bummel durch Kneipen
ein Ausflug ins Grüne
eine Sportveranstaltung
ein Konzert besuchen
Tanzen gehen
eine Ausstellung
ein Volksfest besuchen
zum Flohmarkt gehen

Argumente:
Arbeit vergessen/abschalten
Spaß und Lachen
neue Gesichter/andere Menschen
Abwechslung nötig
etwas dazulernen/seinen Horizont erweitern
neue Anregungen/Erfahrungen
frische Luft/Bewegung
nicht versauern

Zeichnung: Ernst Hürlimann

IV. Wie heißen folgende Sätze in der Umgangssprache?
(Umschreibung mit „tun")
Beispiele:

a) Ich unternehme nicht viel. = Groß was unternehmen *tue* ich nicht.
b) Ich gehe nicht oft hin. = oft hingehen *tue* ich nicht.

1. Ich frage nicht viel.
2. Es schmeckt nicht besonders.
3. Er entschuldigt sich nicht lange.
4. Wir verdienen nicht viel dabei.
5. Er raucht bestimmt nicht sehr stark.
6. Ich arbeite nicht viel für die Prüfung.
7. Wir gehen nicht oft aus.
8. Das bringt leider nicht viel.
9. Er denkt sich nicht viel dabei.

BT2 *Winfried Hammann*

Wir Exoten

An der Autobahnauffahrt Bad Nauheim: Zwei Tramperinnen. Eine medizinisch-technische Assistentin, zur Zeit arbeitslos, und eine Studentin, die über den zweiten Bildungsweg an die Universität gelangt war. Auf dem Armaturenbrett sehen sie die Zeichnung zum Umschlag dieses Buches liegen und sagen mir, daß auch sie gerade dabei wären, abzuhauen.

Sie suchen Adressen in Frankfurt, wo man Näheres über Selbsterfahrungsgruppen erfahren kann.

,,Es gibt Hunderte", antworte ich, ,,kauft euch ein paar Stadtzeitungen und die Rundschau vom Samstag, Rubrik Verschiedenes, mehr weiß ich euch auch nicht zu sagen."

,,Wir sind offen für alles", sagen sie, ,,verstehst du?"

Mein müdes Lächeln ist dürftig.

,,Ein wahnsinniges Gefühl, aufzubrechen, meinst du nicht? Wir wollen unsere Haut wechseln."

,,Ausland?" frage ich.

,,Wahrscheinlich. Hier ist alles falsch."

Ich widerspreche nicht.

,,Und woanders?"

,,Anders!" antworten sie mit einer Überzeugtheit in ihren Stimmen, die mich für einen Moment verwirren und glauben lassen, daß sie den Sprung schaffen könnten.

,,Und wohin jetzt?"

,,Nach Sachsenhausen, in die Schulstraße. Dort soll es so eine Gruppe geben, die Therapie macht."

,,Wo in Sachsenhausen?"

,,Wissen wir nicht. Wir kennen Frankfurt nicht. Wollen uns erst mal erkundigen und suchen nach ein paar Esoterikern wie wir."

Esoteriker – das Wort ist wie ein Erkennungssignal in ihrem Mund: Verbotenes, geheimnisvolles Land betreten, nach verborgenen Botschaften suchen, ins Unaussprechbare vordringen.

,,Wir kennen auch Leute, die jahrelang politisch aktiv gewesen waren, aber die haben auch erkannt, daß sie an den mächtigen Systemen nichts ändern können und daß sie vielmehr daran kaputtgehen, wenn sie nicht aussteigen und abhauen. Das Gefühl, als lebendiger Leichnam in deine alte Haut eingenäht zu werden, weißt du."

Aus: Bergmann/Hammann/Ockenfuß: ,,Abhauen", Sachbuch 7404, © 1981 by Rowohlt Taschenbuch Verlag, Reinbek b. Hamburg

HA **I. Lesen Sie den Text aufmerksam durch und schlagen Sie unbekannte Wörter nach.**

II. Welche Sätze sagen inhaltlich das Gleiche aus?

1. Wir sind für alles offen.
2. Wir schaffen den Sprung.
3. Wir wollen unsere Haut wechseln.
4. Hier gehen wir kaputt.
5. Wir hauen ab.

a) Wir gehen fort von hier.
b) Uns gelingt ein neuer Anfang.
c) Wir lehnen nichts von vornherein ab.
d) Wir möchten ein ganz neues Leben beginnen.
e) Unsere Seele wird hier zerstört.

III. Zum Verständnis

1. Wer hält den Autor dieses Textes an der Autobahnauffahrt Bad Nauheim an?
2. Wohin wollen die beiden Mädchen?
3. Welche Pläne haben sie?
4. Was erhoffen sie sich vom Ausland?
5. Warum wollen sie ,,aussteigen"?
6. Welches Gefühl haben sie im Augenblick?
7. Was verstehen Sie unter ,,Esoteriker"?
8. Was für Therapiegruppen sind das wohl, die die beiden suchen?

IV. Drücken Sie den Inhalt der folgenden Sätze anders aus, indem Sie die angegebenen Wörter und Wendungen benutzen. Setzen Sie begonnene Sätze fort:

1. Sie suchen Adressen in Frankfurt, wo man Näheres über Selbsterfahrungsgruppen erfahren kann.
   a) auf der Suche sein
   b) Einzelheiten
   c) nähere Informationen
   d) sich erkundigen nach

2. ,,Kauft euch die Rundschau vom Samstag, Rubrik Verschiedenes, mehr weiß ich euch nicht zu sagen.''
   a) die Samstagsausgabe
   b) nachsehen unter

3. ,,Anders!'' antworten sie mit einer Überzeugtheit in ihren Stimmen, die mich für einen Moment verwirren und glauben lassen, daß sie den Sprung schaffen könnten.
   a) Überzeugung
   b) ,,Anders!'' antworten sie und ihre Stimmen . . ., daß ich . . .
   c) gelingen

4. Dort soll es so eine Gruppe geben, die Therapie macht.
   a) wir haben gehört, . . .
   b) man sagt, . . .
   c) dort soll es, wie . . .
   d) Therapiegruppe

5. Aber die Leute haben auch erkannt, daß sie an den mächtigen Systemen nichts ändern können.
   a) klar sein
   b) zu der Überzeugung kommen/gelangen
   c) daß die mächtigen Systeme
   d) daß sich die mächtigen Systeme
   e) daß an den mächtigen Systemen
   f) veränderbar

V. Stellen Sie zu den folgenden Aussagen so viele Fragen wie möglich:

Beispiel: Wir möchten nach Sachsenhausen.
Was wollt ihr denn in Sachsenhausen?
Wo liegt denn Sachsenhausen?
Ist das nicht ein Vorort von Frankfurt?
Ist Sachsenhausen nicht für seinen Apfelwein bekannt?
Wie lange wollt ihr denn dort bleiben?
usw.

1. Man kann das Abitur leicht über den zweiten Bildungsweg nachholen.
2. Im Ausland ist alles besser.
3. Wir raten allen unseren Freunden, auszusteigen und abzuhauen.
4. An den mächtigen Systemen kann man ja doch nichts ändern.
5. Wir sind Esoteriker und möchten ins Unaussprechbare vordringen.

VI. Zur Diskussion

Was ist Ihrer Ansicht nach der Grund dafür, daß so viele junge Deutsche nicht mehr mit ihrem Leben zufrieden sind und entweder aus dieser Gesellschaft aussteigen oder „woanders" ihr Glück versuchen?

VII. Setzen Sie den folgenden Dialog fort:

(Personalformen beachten)

A: Hallo, Jungs! Wie kommt man denn hier am schnellsten nach Sachsenhausen?

B: Da müßt ihr da vorne über die Brücke gehen. Auf der andern Mainseite, das ist Sachsenhausen. Was wollt ihr denn da?

A: Ja, wißt ihr, wir suchen ein paar Adressen . . . . .

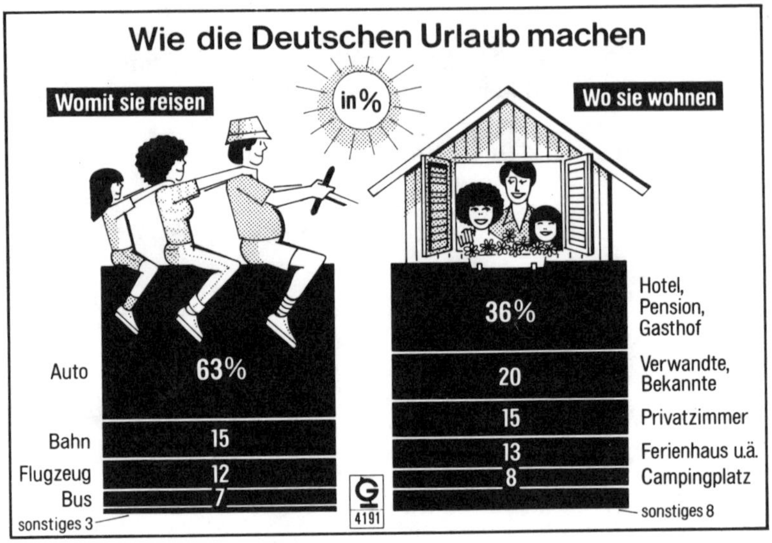

Reiseunternehmen setzen weiter auf Wachstum

Über 1300 Aussteller treffen sich in Berlin zur Internationalen Tourismus-Börse

Berlin (dpa). Trotz Konjunkturflaute in Industriestaaten und Wirtschaftsproblemen der Entwicklungsländer ist die Tourismus-Branche international weiter auf Expansionskurs, auch wenn vielfach die Zuwachsraten bescheidener ausfallen und vereinzelt Einbußen in Kauf genommen werden müssen. Von den verstärkten Anstrengungen vieler Staaten, ihre Kassen mit Einnahmen aus dem Reisegeschäft aufzufüllen, profitiert erneut die Internationale Tourismus-Börse ITB vom 27. Februar bis 5. März in Berlin.

Der weltweit bedeutendste Treff für Fachleute staatlicher und privater Reiseorganisationen, Fluglinien, Hotelgesellschaften und Busunternehmen lockt dieses Mal über 1300 (Vorjahr 1217) Direktaussteller aus rund 110 Ländern.

Trotz dieses stolzen Melde-Ergebnisses „sind Zuwachsraten auch in der Zukunft noch möglich", meint der Pressechef der Berliner Ausstellungsgesellschaft AMK, Groß. „Schließlich beträgt die Zahl der Mitgliedsstaaten bei der UNO über 150," Nach seinen Worten verstärken alle Länder ihre Informations- und Werbemaßnahmen in diesem Jahr besonders stark, um nicht beim immer härteren Wettbewerb um Aufträge und Touristen an Boden zu verlieren.

Um den Wünschen der Anbieter nach Kontakt mit dem privaten Publikum gerecht zu werden, wird diesmal auf Fachbesucherhallen, die nicht für jedermann zugänglich sind, verzichtet. Allerdings ist die ITB keine Buchungsmesse für das private Publikum, sondern Kontakt- und Orderpunkt für die Fachleute.
Besonders die heimischen Urlaubsgebiete haben sich einiges vorgenommen. Denn der vor einem Jahr von Experten prophezeite Deutschland-Boom blieb aus. Nach wie vor verbringen 60% der deutschen Urlauber ihre Ferien im Ausland. Durch die schmaleren Geldbeutel lautet der Trend jetzt aber überwiegend: näher, kürzer und billiger. Vor allem Sonderangebote sind schnell ausgebucht. Und statt eines mehrgängigen Menüs wird jetzt oft nur ein einfaches Gericht bestellt.
Größter Auslands-Aussteller auf der ITB sind die USA, die fast eine komplette Halle haben. Australien, das im Tourismus Zuwachsraten erlebt wie kaum ein anderes Land, zählt zu den Ländern, die sich unter dem Funkturm am meisten ausgeweitet haben. Erstmals in Berlin dabei sind die Fremdenverkehrsorganisationen exotischer Urlaubsziele wie Tonga, Fidschi-Inseln, Samoa, Tahiti, Guam und Simbabwe. Osteuropa ist einschließlich DDR und Sowjetunion praktisch komplett vertreten.
Bedeutsam für die ITB ist auch der ständig wachsende Anteil von Geschäftsabschlüssen, die ausländische Fachbesucher untereinander – etwa zwischen Nord- und Südamerika oder innerhalb Asiens – tätigen, ohne daß davon der deutsche Reisemarkt berührt wird.

dpa

Zeichnung: Ernst Hürlimann

8

Kapitel 8 – Jugend im Aufbruch – Gesellschaft im Umbruch

Als Mitte der sechziger Jahre der Wiederaufbau abgeschlossen war und die Bundesrepublik bereits wieder einen beachtlichen Lebensstandard erreicht hatte, wurde zum ersten Mal ein innerer Konflikt sichtbar: die studentischen Protestbewegungen ab 1967/68 zeigten, daß Teile der jungen Generation mit der restaurativen Gesellschaft ihrer Väter nicht mehr einverstanden waren.
Die einseitige Bemühung um materiellen Wohlstand hatte innere Leere, Mangel an geistiger Orientierung mit sich gebracht. Allein gelassen mit ihren Problemen, ohne echten Dialog mit der älteren Generation, begannen viele Jugendliche, nach eigenen, alternativen Erfahrungen zu suchen. Dabei spielten „internationale Moden" – von den Hippies über Pop-Musik bis zum Drogenkult – eine wichtige Rolle.
Der Hang zum „Aussteigen", d. h. der Versuch, sich den Normen und Werten einer modernen Industriegesellschaft zu entziehen, fand zunehmend Anhänger. Im Gegensatz zu der überwiegend negativen Grundhaltung früherer Bewegungen verstärkt sich in den letzten Jahren eine konstruktive Alternativbewegung, mit viel Initiativen und Gegenmodellen, besonders im ökologischen und sozialen Bereich.

LV1 *Wolfgang Heyder*

Netzwerk

Wir protestieren nicht mehr,
wir steigen aus.

Wir schlagen nichts klein,
im Gegenteil,
wir sammeln die Scherben
und kitten.

Wir geben Zeitungen heraus.
Wir renovieren alte Häuser.
Wir besetzen sie, wenn sie
zerstört werden sollen.
Wir fahren nach Wyhl,
weils sein muß.

Wir lernen von den Indianern,
vom tao, von mao tse-tung,
wir häkeln und stricken,
säen und ernten,
wir musizieren selbst.

Wir basteln uns Möbel.
Wir spielen mit Kindern.
Wir halten Katzen.

Wir bauen das Windrad.
Wir bilden uns und ein Kollektiv
und jeden in allem aus.

Wir sind die Kraaker, die Spontis,
die Grünen und Bunten,
Wir sind, wer mit uns lebt.

Wir wollen nicht mehr.

Nicht den Streit mit den Vätern,
der uns nichts bringt.
Für Gegensätze, die keine sind,
keinen Gegen-satz mehr. Keine Kreuzchen.

Unsere geistigen Väter und Mütter
sind auferstanden,
zu ihnen wollen wir halten,
in Ascona, Worpswede, Berlin.

Keine Revolten mehr nur durch den Kopf.
Wir lieben den Bauch und der Hände Entwurf.

Wir wollen leben.
Mehr wollen wir nicht.

Aus: Glomb/Reese: „Anders als die Blumenkinder",

Erklärungen zum Text:
Netzwerk ist der Name einer alternativen Organisation in Berlin und anderen deutschen Städten, der Tausende junger Leute angehören, die neben der bestehenden Gesellschaft eigene, alternative Formen des menschlichen Zusammenlebens aufbauen und ausprobieren. Im Text werden einige Namen/Orte genannt, die für bestimmte Ereignisse oder Tendenzen stehen, mit denen sich *Netzwerk* solidarisch fühlt, z. B.

Wyhl:	Standort eines Kernkraftwerks (KKW), gegen dessen Bau erbittert Widerstand geleistet wurde
Kraaker:	Hausbesetzer in Amsterdam (Holland)
Spontis:	junge Leute, die sich spontan politisch engagieren, ohne einer organisierten Partei anzugehören
Grüne und Bunte:	alternative Parteien, die meist zur Ökologie-Bewegung gehören

I. Lesen und analysieren Sie den Text. In welchen Aussagen des Textes erkennt man die Kritik und Abkehr von den folgenden Aspekten der heute bestehenden Gesellschaft? HA

	Zeile:
1. Abriß und Sanierung von Wohnraum	___
2. Beeinflussung durch die Medien	___
3. Erziehungs- und Ausbildungspolitik	___
4. gewaltsame Demonstrationen auf der Straße	___
5. Energiepolitik	___
6. Kinderfeindlichkeit	___
7. Kauf- und Konsummentalität	___
8. Generationenkonflikt	___
9. Mechanismus der Wahlen	___
10. Theorie und ideologischer Streit	___

II. Fragen zur Diskussion. Suchen Sie sich Partner und notieren Sie Stichwörter:

1. Wie sehen die alternativen Bewegungen den Menschen in Gesellschaft und Natur? Welche Ziele, Werte und Tätigkeiten sind für sie wichtig?
2. Welche Wertvorstellungen, Wünsche und Ziele gelten dagegen in der heutigen Konsum- und Industriegesellschaft?
3. Halten Sie es für möglich und wahrscheinlich, daß sich solche Modelle einer alternativen Gesellschaft in Zukunft durchsetzen und die bestehende Gesellschaft ablösen könnten?

„Wenn du deine Spiegeleier alternativ gebraten haben willst, hör endlich auf zu fragen, weshalb das Essen noch nicht auf dem Tisch ist!"

BT1 *Von Wolfram Siebeck*

Fünf Eigelb und ein halber Liter Sahne

Ich blicke in die Runde und kann mir die Frage nicht verkneifen: „Was ist eigentlich los mit euch?" Es ist die Frage, die sich Millionen deutscher Familienväter nicht verkneifen können, wenn sie am Sonntagmittag in die Runde blicken. Denn vor ihnen sitzt die Generation der Verweigerer, die Jugend '81.

In meiner Runde sitzen besonders hartnäckige Verweigerer. Sie verweigern mir sogar die Antwort. Also frage ich noch einmal und formuliere es so, daß es auch eine Generation versteht, die *„bildungsscheu"* ist und sich durch *„abnehmende Mobilität"* auszeichnet: „Was ist – schmeckt euch der Braten nicht, oder wartet ihr auf die Schokoladencreme?" Da macht der Älteste den Mund auf, was ihm sichtlich schwerfällt, und gibt Auskunft: „Weder – noch. Wir verweigern nur weitere Nahrungsaufnahme." Es ist nicht der erste Fall. Erst gestern verweigerte der Jüngste die Gartenarbeit; vor drei Tagen verschlief er morgens und verpaßte den Schulbus, was ja nichts anderes ist als eine kombinierte Aufsteh- und Schuldienst-Verweigerung, wie sie von Soziologen als typisch für diese Jugend beschrieben wird.

Die Runde, in die ich blicke, ist auch sonst sehr typisch; oder *trendtypisch,* wie es heute genannt wird. Da ist zum Beispiel der Trend, morgens den Wecker zu überhören, das Zähneputzen zu vergessen, die Treppe hinunterzupoltern, die Haustür offenzulassen und was es

sonst an Trends so gibt, die typisch für diese Jugend '81 sind.
Ich gehe in die Küche und hole die Schokoladencreme. Sie ist in einer großen Steingutschüssel. Fünf Eigelb und ein halber Liter Sahne sind drin, und bei ihrem Anblick läuft mir das Wasser im Mund zusammen.

„Wenn es geschehen sollte", doziere ich und setze die Schüssel auf den Tisch, „daß einer von euch schwankend wird in seinem Entschluß, weitere Nahrungsaufnahme zu verweigern, so gebe ich zu bedenken, daß das nicht im Einklang stünde mit der Erkenntnis der Soziologie, wonach die heutige Jugend – also ihr – durch eine anarchistisch-alternative Verweigerungshaltung bestimmt wird." Und indem ich die Schokoladencreme zu mir heranziehe und herzhaft zulange, schließe ich mein Seminar mit den Worten: „Ich hingegen bekenne mich freimütig zur angepaßten, genuß-orientierten Generation der Alten, für die es immer am wichtigsten war, daß sie von der Süßspeise den größten Teil selber essen konnten, ganz egal, ob sie dazu ihre Macht mißbrauchen mußten oder ob ihnen die anderen dabei durch eine trendtypische Verweigerungshaltung entgegenkamen." Ich stopfe mir den ersten Löffel voll Creme in den Mund: lecker!

I. Lesen Sie den Text durch und schlagen Sie unbekannte Wörter nach. **HA**

II. Vergleichen Sie diese Sätze mit dem Text. Was ist richtig, was ist falsch?

	r	f
1. Der Autor stellt die Frage, weil sie ihn sehr interessiert.	☐	☐
2. Millionen deutscher Familienväter stellen die gleiche Frage.	☐	☐
3. Die Jungen geben nicht einmal eine Antwort auf die Frage.	☐	☐
4. Schließlich antwortet der Älteste.	☐	☐
5. Der Jüngste arbeitet besonders gern im Garten.	☐	☐
6. Die Schokoladencreme ist in der Schüssel aus Kunststoff.	☐	☐
7. Der Verfasser nimmt nur aus Höflichkeit etwas von der Schokoladencreme.	☐	☐

III. Wie steht das im Text?

1. Ich kann die Frage nicht unterdrücken.
2. Was habt ihr eigentlich?
3. . . . was ihm – wie man sieht – Schwierigkeiten macht.
4. Wir wollen nicht mehr essen.
5. Vor drei Tagen stand er morgens nicht rechtzeitig auf.
6. Falls einer von euch in seinem Entschluß unsicher wird . . .
7. . . . daß das der Erkenntnis der Soziologie widersprechen würde . . .

IV. Drücken Sie die Sätze anders aus, indem Sie die angegebenen Wendungen und Satzglieder benutzen:

1. Sie verweigern mir sogar die Antwort.
   a) nicht einmal
   b) ablehnen
2. Also frage ich noch einmal und formuliere es so . . .
   a) wiederholen
   b) sich ausdrücken
3. Erst gestern verweigerte der Jüngste die Gartenarbeit.
   a) nicht wollen
   b) sich weigern

4. Wenn es geschehen sollte, daß einer von euch schwankend wird in seinem Entschluß, weitere Nahrungsaufnahme zu verweigern, so gebe ich zu bedenken, daß das nicht im Einklang stünde mit der Erkenntnis der Soziologie.
   a) Sollte einer von euch . . .
   b) seinen Entschluß ändern
   c) sich klarmachen
   d) übereinstimmen
5. Ich bekenne mich freimütig zur angepaßten, genuß-orientierten Generation der Alten, für die es immer am wichtigsten war, daß sie von der Süßspeise den größten Teil selber essen konnten.
   a) zugeben
   b) die Hauptrolle spielen
   c) bekommen

V. Nehmen Sie zu folgenden Thesen Stellung:

1. Was Siebeck sagt, ist zynisch und verständnislos.
2. Die Jungen reagieren so, weil ihnen ein Gespräch mit dem Vater von vornherein sinnlos erscheint.
3. Die Jugendlichen sagen nichts, weil sie nur einer Mode folgen und ihr Verhalten nicht mit guten Argumenten begründen können.

**VI. Stellen Sie sich vor, der älteste Sohn unterhält sich mit einem Freund über das hier beschriebene Mittagessen.
Wie könnte die Unterhaltung aussehen?**

HV1 Ich bin Monika. – Ich bin Detlev.

Vorbemerkung

In vielen Städten der Bundesrepublik gibt es *Entziehungsanstalten* für *Drogensüchtige* (Hasch, Heroin usw.) „SYNANON" ist eine alternative Hilfsorganisation, wo *süchtige* Jugendliche behandelt und auf ihre Rückkehr in ein normales Leben (Arbeit, Beruf) vorbereitet werden.

I. Umgangssprache oder Standardsprache

Die Jugendlichen benutzen in ihrem Bericht idiomatische und familiäre Umgangssprache. *Welche Ausdrücke und Wendungen haben die gleiche Bedeutung?*

	familiär/idiomatisch:
1. im Gefängnis	☐ er wurde verknackt
2. man hat ihn verurteilt	☐ sie sind dahintergekommen
3. sie steigt immer weiter ab	☐ im Knast
4. alles, was gerade da ist	☐ sie sackt immer tiefer
5. man hat es entdeckt	☐ was in die Finger kommt

II. Hören Sie die Berichte und kreuzen Sie an, welche Aussagen richtig/falsch sind:

a) *zu Monikas Bericht:*	r	f
1. Sie begann schon auf der Schule mit Hasch.	☐	☐
2. Sie bekam deshalb mit ihren Eltern Ärger.	☐	☐

	r	f
3. Heroin sniefen lernte sie auf einer Party kennen.	☐	☐
4. Sie ging täglich in eine Schneiderlehre und nahm nur am Wochenende Drogen.	☐	☐
5. Als dies entdeckt wurde, verlor sie ihre Stelle.	☐	☐
6. Ihr Freund verließ sie, und ihre Lage wurde immer schlimmer.	☐	☐
7. Sie wurde dazu verurteilt, bei SYNANON eine Behandlung zu machen.	☐	☐

b) *zu Detlevs Bericht:*

	r	f
1. Bevor er zu SYNANON kam, war er viele Monate im Gefängnis.	☐	☐
2. Er war wegen verschiedener Delikte verurteilt worden.	☐	☐
3. Er verbrachte die meiste Zeit mit Lesen.	☐	☐
4. Besucher brachten ihm auch Stoff mit (d. h. Drogen).	☐	☐
5. Das Gericht hat ihn zu SYNANON geschickt.	☐	☐
6. Er fürchtet, später wieder rückfällig zu werden.	☐	☐

III. Hören Sie die Berichte noch einmal und erzählen Sie die Geschichte mit Hilfe der Stichwörter nach:

1. *Monika:*

mit 14 zum erstenmal Hasch
Eltern geschieden
auf einer Party Heroin
keine Angst, süchtig zu werden
während der Schneiderlehre täglich geraucht
Lehrstelle verloren
Freund verlassen
„verknackt" auf Bewährung
nach Berlin
bei SYNANON zufrieden

2. *Detlev:*

seit drei Monaten SYNANON
vorher lange im Knast
Dealerei, Schmuggel, Diebstahl
Einzelhaft, den ganzen Tag lesen
„Stoff" kaufen leicht, aber .....
Therapie bald zu Ende
Furcht, rückfällig zu werden

IV. Vergleichen Sie die beiden Berichte miteinander:

1. Welche Elemente sind ähnlich?
2. Worin unterscheiden sich die Geschichten?
3. Scheint Ihnen ein Fall schlimmer, ernster als der andere? Aus welchen Gründen?

V. Diskutieren Sie folgende Aspekte des Drogenproblems:
(Suchen Sie sich Partner, machen Sie sich Notizen)

1. Warum greifen so viele Jugendliche zu Drogen?
   (Motive, Erwartungen, Gelegenheiten)
2. Drogenhändler (Dealer) und Drogensüchtige müssen mit der gleichen Strenge verfolgt und bestraft werden.
3. Das Drogenproblem kann nur durch internationale Zusammenarbeit gelöst werden.

LV2 *Solveig Ockenfuß*

Danni

Eine Kindheit wie viele andere: Danni lebt mit Mutter, Vater und Schwester zusammen. Die Familie bricht auseinander. Ingrid will raus, will studieren, mag nicht mehr diese Hausfrauenexistenz führen. Die Kinder sind noch klein. Sie sucht mit ihnen eine neue Wohnung. Alte Freunde der Familie lassen sich nicht mehr sehen. Dafür tauchen neue Gesichter aus dem studentischen Milieu auf.
Eva kommt auf ein Gymnasium, sie ist sehr tüchtig. Das Lernen macht ihr Spaß. Danni geht nur in eine Realschule, mal sehen, ob er es dann auch noch schafft.
Ingrid versucht jeden Morgen mit den Kindern aufzustehen. Manchmal kriegt sie die Augen kaum auf. Sie lernt inzwischen auf dem zweiten Bildungsweg, lange Abende voller Gespräche schlägt sie sich um die Ohren. Vom Vater ist kaum mehr die Rede, doch Danni hat Sehnsucht nach ihm, sucht ihn auf, rennt ihm die Bude ein. Er möchte jetzt bei ihm leben. Der Vater ist einverstanden, er sagt:
,,Das Mädchen gehört zur Mutter, ein Junge zu seinem Vater."
Danni hat Schwierigkeiten in der Schule. Dem Vater wird das zuviel. Er möchte Musik machen und studieren. Danni geht zu Ingrid zurück. Eines Abends kommt er nicht mehr nach Hause zurück. Alles Suchen bleibt erfolglos. Am nächsten Tag steigt er über den Balkon ein und tut so, als wäre nichts gewesen.
Danni ist jetzt mehr unterwegs als zu Hause. Er ist dreizehn, geht aber nicht mehr zur Schule. Ingrid vereinbart Gespräche mit einem Psychiater. Alle bringen dem Jungen ein gewisses Wohlwollen entgegen, doch Danni läßt das kalt. Er erscheint nicht zu den Terminen. Der Vater verhält sich zwar sehr zurückhaltend, kommentiert jedoch: ,,Die Makarenko-Tour nützt nichts bei dem Jungen, da muß man härtere Saiten aufziehen."
Was er damit meint, verrät er nicht. Ingrid ist ständig unterwegs, ihm ständig hinterher. Danni schläft jetzt hauptsächlich in Treppenfluren und in alten Häusern. Ingrid hofft auf den Winter, doch er hält es bei minus sieben Grad draußen aus.
Inzwischen ist er dem Jugendamt aufgefallen, hat einige Sachen in Kaufhäusern und von Passanten geklaut; er ist schulpflichtig, es hagelt Drohungen; eine Akte wird angelegt. Danni kommt in ein Heim in ,,guter Nordseeluft". Er entwendet die Kasse und treibt sich wieder in der Kleinstadt rum. Jeder kennt ihn. Seine Mutter bringt ihn ins Heim zurück. Es ist gar nicht daran zu denken, ihn nach Hause zurückzuholen. Er will das gar nicht.
,,Er weiß gar nicht, was er will."
Eine Therapie wird angefangen, wieder abgebrochen. Inzwischen ist ein ganzer Stab von Therapeuten, Sozialarbeitern, Jugendrichtern damit beschäftigt, den Jungen zu managen. Ohne Erfolg.
,,Er nimmt keine Vernunft an."
Es ist ein ewiger, zwanghafter Kreislauf entstanden, von abhauen und wieder eingefangen werden. Nächste Station: Knast.
Da taucht das rettende Projekt auf: Auf Mallorca soll ein Jugendkollektiv eingerichtet werden; die Jugendlichen sollen auf eine Zimmermannslehre vorbereitet werden. Danni ist jetzt fünfzehn. Er erhält eine letzte Chance und findet sich alsbald im Flugzeug Richtung Mallorca wieder. Alle Beteiligten sind erleichtert.
Doch Danni haut wieder ab, wieder mit der Kasse. Er wird in der Kleinstadt gesichtet, Ingrids Freunde sind ihm dicht auf den Fersen, doch die Polizei hat ihn schon geschnappt. ,,Jugendlicher Herumtreiber mit Vorstrafen".
Warum er das gemacht habe. Er weiß es auch nicht. Mallorca findet er blöd. Er kann die Sprache nicht. Was soll er da? Dem Jugendamt fällt nichts mehr ein.

Aus: Solveig Ockenfuß: ,,Rudolpho und Danni" in: Bergmann/Hammann/Ockenfuß, ,,Abhauen", Sach 7404, © 1981 by Rowohlt Taschenbuch Verlag, Reinbek b. Hamburg

HA I. Lesen Sie den Text genau durch. Unterstreichen und notieren Sie alle Informationen über Dannis Eltern und Schwestern. Was sagt der Text über:

1. seinen Vater 2. seine Mutter (Ingrid) 3. seine Schwester (Eva)

II. Zeichnen Sie anhand des Textes Dannis Lebensweg nach. Notieren Sie dabei alle wichtigen Momente und Stationen:

Es beginnt mit:
- Kindheit zu Haus bei den Eltern
- Familie bricht auseinander

III. Fragen zum Verständnis

1. Warum bricht die Familie auseinander?
2. Was ändert sich für Danni nach der Trennung seiner Eltern?
3. Warum gehen die Kinder nicht auf die gleiche Schule?
4. Wie reagiert der Vater auf Dannis Wunsch, bei ihm zu leben?
5. Warum kehrt Danni zu seiner Mutter zurück?
6. Weshalb wendet sich die Mutter an einen Psychiater?
7. Was meint der Vater zu Dannis Verhalten?
8. Welche Hoffnung seiner Mutter erfüllt sich nicht?
9. Wie verschafft sich Danni Geld zum Überleben?
10. Warum kümmern sich so viele andere Leute um ihn?
11. Mit welchem Erfolg?
12. Welche letzte Chance bietet man ihm?
13. Warum schnappt ihn die Polizei?
14. Welche Gründe gibt Danni für sein Verhalten an?

IV. Kreuzen Sie an, was folgende Ausdrücke und Wendungen bedeuten:

1. *Sie schlägt sich* den Abend *um die Ohren.*
   a) ☐ Sie hört aufmerksam zu.
   b) ☐ Sie verbringt ihn nutzlos.
   c) ☐ Die Ohren schmerzen sie.
2. *Er rennt ihm* die Bude *ein*
   a) ☐ Er läuft schnell zu ihm.
   b) ☐ Er rennt in seiner Bude herum.
   c) ☐ Er besucht und bedrängt ihn immer wieder.
3. Man muß *härtere Saiten aufziehen*
   a) ☐ strenger vorgehen
   b) ☐ durch Härte erziehen
   c) ☐ versuchen, etwas abzuhärten
4. *Es ist* gar *nicht daran zu denken*
   a) ☐ Man darf das nicht vergessen.
   b) ☐ Es hat keine Aussicht auf Erfolg.
   c) ☐ Man sollte nicht damit rechnen.
5. Man ist ihm *dicht auf den Fersen*
   a) ☐ Man kümmert sich um ihn.
   b) ☐ Man folgt ihm ganz nahe.
   c) ☐ Man tritt ihm auf die Füße.

V. Analysieren Sie mit anderen Partnern zusammen die Geschichte von Danni und sagen Sie Ihre Meinung dazu. Folgende Leitfragen können als Orientierung dienen:

1. Welchen Einfluß hat die Trennung der Eltern auf Dannis Fehlentwicklung?
2. Wie zeigt sich und was bewirkt der Egoismus der Eltern?
3. Was, nach Ihrer Meinung, bezweckt Danni damit, daß er immer wieder flieht, „abhaut“?
4. Warum reagiert Danni negativ auf die wohlwollenden Bemühungen von Therapeuten, Sozialarbeitern, Jugendamt, usw.?

5. War das Heim an der Nordsee und das Jugendkollektiv eine Chance für Danni?
6. Sehen Sie bei Danni eine Disposition zum Kriminellen?
7. Glauben Sie, es hätte einen anderen Weg gegeben, um Danni „zur Vernunft“ zu bringen?

VI. Nehmen Sie zu folgenden Thesen und Fragen Stellung:

1. „Ein Mädchen gehört zur Mutter, ein Junge zum Vater.“
2. Die zu nachgiebige, „anti-autoritäre“ Erziehung ist schuld an der fehlenden Orientierung, Leistung und Anpassungsfähigkeit der heutigen Jugend.
3. Wie ist die Situation der Jugend in Ihrem Land? Ziehen Sie Vergleiche zur Bundesrepublik.

Die alten . . .

1. Religion, Tradition, Autorität (der „soziale Vertrag“)
2. Biologie und Physik als Weltanschauung
3. Verteidigung der territorialen Grenzen
4. Den Lebensunterhalt verdienen, um die Befriedigung der sieben Grundbedürfnisse zu garantieren:
   a) Nahrung
   b) Kleidung
   c) Wohnung
   d) Medizinische Versorgung
   e) Bestattung
   f) Bildung, Erziehung
   g) Schwangerschaftsunterstützung
5. Verteidigung der nationalen ökonomischen und strategischen Interessen
6. Verteidigung der politischen, moralischen und ethischen Interessen
7. Anerkennung ökonomischer, technologischer Rationalität und Effizienz
8. Die „männliche Rolle“: Heldentum, aggressive und leistungsorientierte Aktivitäten
9. Die puritanische Ethik
10. Loyalität gegenüber Staat, Land, Familie, Betrieb oder Verein
11. Pflichterfüllung, Patriotismus, Ehre, Mut und Stolz
12. Sublimation sexueller, aggressiver, ästhetischer und anderer „Instinkte“
13. Sonstige „irrationale“ Tabus, Rituale, Mythen und Kults.

. . . und die neuen Werte

1. Risiko-Vermeidung und Umgehung
2. Regionalismus und Lokalismus
3. Bequemlichkeit, Sicherheit, Freizeit, Gesundheit und gelegentliche „Selbstverwirklichung“
4. Schutz der Umwelt und Ökologie (um jeden Preis)
5. Verlust an Willenskraft, Optimismus und Vertrauen in den ökonomischen und technologischen Fortschritt
6. Öffentliche Wohlfahrt und soziale Gerechtigkeit
7. Glücksgefühl und Hedonismus als direkte Lebensinhalte und Ziele
8. Aversion gegen Technik, Ökonomie, Materialismus, Bürgerliches Leben
9. Zunehmende gesellschaftliche Kontrolle und Gesamtplanung der Wirtschaft
10. Regulationen und Gesetze, die entgegen oder gleichgültig gegenüber Wirtschaftsinteressen stehen
11. Neue soziale und persönliche Werte bezüglich Ehe, Familie und den traditionellen Moralbegriffen
12. Beschäftigung mit dem eigenen „Ich“ bis hin zur „me-generation“.

Horst Krüger

Was dann?

Hochentwickelte Konsumgesellschaften unserer westlichen Provenienz verpflichten, binden, nötigen den Bürger nicht mehr. Sie nötigen ihn höchstens zu einem: zu noch mehr Konsum, weshalb Reklame und Werbung in solchen Gesellschaften vehement dominieren. Diese werden dann meistens zum Gegenstand einer erbitterten Gesellschaftskritik. In Wahrheit sind sie ungleich harmloser als die Propagandaaktionen totalitärer Systeme. Es wird in liberalen Staaten wie etwa den USA, Schweden oder der Bundesrepublik kein Engagement für staatliche Ziele gefordert. Merkwürdigerweise ruft diese Befreiung von kollektiven Zwängen bei den meisten nicht Zufriedenheit, sondern Unlustgefühle hervor. Die meisten sind gar nicht so glücklich, sich selber überlassen zu sein, auf den eigenen Gebrauch der Freiheit verwiesen. Sie sind eher ratlos bis unglücklich, wie jeder Psychotherapeut aus seiner Praxis weiß: Wohlstandsneurosen.

Das Phänomen hat seine eigene Tiefe. Der Haß, den ich, etwa bei Frankfurter Straßendemonstrationen, im Gesicht junger Menschen sah, die Mischung aus Wut und Verzweiflung, die man unverändert bei jenen Jugendgruppen findet, die dann in die Drogenwelt umkippen, muß aus solchen Wurzeln kommen. Sie verachten, mehr noch, sie hassen tatsächlich diesen liberalen Staat, weil er sie eben so frei läßt, weil er nichts fordert, weil er sie nicht in Zucht nimmt wie autoritäre Staaten. Die vaterlose Gesellschaft erzeugt keine freien, sondern aggressive, ja hochneurotische Söhne. Freiheit macht Angst.

Man kann das gleiche Phänomen auch spiegelverkehrt durchleuchten. Wer wie ich einmal in Ost-Berlin die Tage der Jugendweltfestspiele hautnah beobachten konnte, registrierte nicht ohne Erstaunen, wie dankbar Jugend sein kann, wenn ihr nur kämpferische Aufgaben und klare Lebensziele vom Staat gestellt werden.

Aber das ist kein neues Phänomen. Wir kennen es aus unserer jüngsten Geschichte. Hitlers Erfolg bei der deutschen Jugend, den heute niemand mehr so recht wahrhaben will, der aber überwältigend war, kam nicht zuletzt aus Hitlers Forderung nach Unterwerfung, Gehorsam und Opferbereitschaft. Der Mann zeigte ein klares Ziel: die Größe der deutschen Nation (oder was er dafür hielt), und verlangte von der Jugend dafür eiserne Einsatzbereitschaft.

Ich kann mich an keinen Jugendprotest gegen solche Inpflichtnahme damals erinnern. Das Gegenteil war der Fall. Für die meisten war Dienen damals nicht nur selbstverständliche Pflicht, es war auch persönliches Glückserlebnis dabei. Ich glaube nicht, daß die Jugend von 1940 sich in solchen Tiefenstrukturen so sehr von der Jugend von 1980 unterscheidet. Jugend will immer Aufgaben, Ziele, Vorbilder. Wo sind sie heute in unseren Wohlstandsgesellschaften?

Also heißt Aussteigen das jüngste Gerücht. Überall steigt man jetzt aus aus diesem Wohlstandszug. Man verweigert sich der Gesellschaft. Man zieht sich zurück in Landkommunen, in grüne Idylle, in private Räusche. Das sehr einfache Leben bekommt plötzlich einen neuen Glanz. Das mag auch seinen Reiz haben, privat. Nur, was wird aus einem Zug, aus dem oft die Besten aussteigen? Wo treibt er hin? Was kommt nach dem Bahnhof, der „Wohlstand" hieß? Ich frage noch einmal: Was dann?

Aus: Horst Krüger, „Spötterdämmerung, Lob- und Klagelieder zur Zeit", © 1981 Hoffmann und Campe Verlag, Hamburg

I. Lesen Sie den Text durch und schlagen Sie unbekannte Wörter nach. **HA**

II. Welche Merkmale charakterisieren die westlichen Gesellschaften?

Was ist vorhanden?	Was fehlt?

III. Zum Verständnis

1. Wogegen richtet sich die Gesellschaftskritik?
2. Was erzeugt die Befreiung von kollektiven Zwängen?
3. Warum verachten die Jugendlichen den liberalen Staat?
4. Wann ist Jugend dankbar?
5. Wodurch erklärt sich Hitlers Erfolg bei der deutschen Jugend?
6. Was war Dienen für die meisten Jugendlichen?
7. Was erwartet die Jugend immer?
8. Wohin zieht man sich zurück?

IV. Wie steht das im Text?

1. Deshalb stehen Reklame und Werbung sehr im Vordergrund.
2. Gegen sie richtet sich meistens eine erbitterte Kritik.
3. Der Haß muß solche Ursachen haben.
4. Hitler hatte bei der deutschen Jugend Erfolg, weil er Unterwerfung, Gehorsam und Opferbereitschaft forderte.
5. Die Jugendlichen von 1980 sind im wesentlichen nicht anders als die von 1940.
6. Man will mit der Gesellschaft nichts zu tun haben.
7. Das sehr einfache Leben wird interessant und reizvoll.

V. Vervollständigen Sie die folgenden Sätze sinngemäß:

1. In liberalen Staaten wird kein . . . . . für staatliche Ziele . . . . ..
2. Die meisten sind gar nicht so glücklich, ...
3. Freiheit macht . . . . ..
4. Sie verachten diesen liberalen Staat, weil er sie nicht . . . . . nimmt.
5. Jugend kann dankbar sein, wenn ihr nur kämpferische . . . . . vom Staat . . . . . werden.
6. Hitler verlangte von der Jugend eiserne . . . . ..
7. Ich erinnere mich an keinen Jugendprotest gegen solche . . . . ..
8. Dienen war selbstverständliche . . . . . und persönliches . . . . ..

VI. Drücken Sie die Sätze anders aus, indem Sie die angegebenen Wörter, Wendungen und Satzglieder benutzen:

1. Sie nötigen ihn höchstens zu einem: zu noch mehr Konsum.

a) zwingen   b) allenfalls   c) konsumieren

2. Merkwürdigerweise ruft diese Befreiung von kollektiven Zwängen bei den meisten nicht Zufriedenheit sondern Unlustgefühle hervor.

a) es ist merkwürdig   b) bewirken   c) verursachen

3. Die meisten sind gar nicht so glücklich, sich selber überlassen zu sein, auf den eigenen Gebrauch der Freiheit verwiesen.

a) wenn   b) empfinden

4. Der Haß, den ich im Gesicht junger Menschen sah, die Mischung aus Wut und Verzweiflung, die man unverändert bei jenen Jugendgruppen findet, die dann in die Drogenwelt umkippen, muß aus solchen Wurzeln kommen.

a) ansehen   b) Gemisch   c) feststellbar   d) Gründe haben

5. Hitlers Erfolg bei der deutschen Jugend, den heute niemand mehr so recht wahrhaben will, der aber überwältigend war, kam nicht zuletzt aus Hitlers Forderung nach Unterwerfung, Gehorsam und Opferbereitschaft.

a) bezweifeln   b) sich erklären   c) daß er forderte

6. Ich glaube nicht, daß die Jugend von 1940 sich in solchen Tiefenstrukturen so sehr von der Jugend von 1980 unterscheidet.
a) der Meinung sein b) anders sein c) wesentlich

VII. Erklären Sie die folgenden Ausdrücke und Wendungen mit Ihren eigenen Worten:
1. kollektive Zwänge
2. Unlustgefühle
3. Wohlstandsneurosen
4. auf den eigenen Gebrauch der Freiheit verwiesen
5. die vaterlose Gesellschaft
6. hautnah
7. Tiefenstrukturen
8. Wohlstandsgesellschaft

VIII. Zur Diskussion
1. Ist die Charakterisierung der westlichen Gesellschaften richtig?
2. Erklärt sich die Protesthaltung der jungen Leute nur durch das Fehlen von Zwängen, oder hat sie auch andere Gründe?
3. Wie würden Sie die Analyse des Autors einordnen: als links, konservativ, liberal? Begründen Sie Ihre Meinung!

IX. Welche Wertvorstellungen sollte Ihrer Ansicht nach ein Staat erfüllen, damit auch junge Leute sich mit ihm identifizieren können?

Eines Tages wird das alles mal dir gehören, mein Sohn!"

LV3 *Heinrich Böll*

Brief eines Rekruten an seinen Kompaniechef

„Sehr geehrter Herr Hauptmann, daß ich Ihrem Beruf, den ich jetzt noch ein Jahr ausüben müßte, keinen Reiz abgewinnen kann, sollte Sie nicht kränken, wie ich Sie überhaupt bitte, meine Desertion nicht persönlich und schon gar nicht als beleidigend zu empfinden. Ich bin nun einmal kein Soldat und werde nie einer werden, und nichts läge mir ferner als Ihnen einen Vorwurf draus zu machen, daß Sie kein Tischler sind und wahrscheinlich nicht wissen, was eine Zarge ist und schon gar nicht, wie man eine solche erstellt. Natürlich weiß ich, und ich bitte Sie, das immer vorauszusetzen, daß es zwar Gesetze gibt, die einen Menschen zwingen können, für eineinviertel Jahre Soldat zu sein, aber keine Gesetze, die einen zwingen, etwas von Zargen zu verstehen, und so weiß ich auch, daß mein Vergleich Soldat/Tischler hinkt. Lassen wir ihn also hinken, und wenn es dieses Gesetz gibt, das mich zwingt, mich ein weiteres Jahr auf eine fürchterliche Weise zu langweilen, so teile ich Ihnen hierdurch mit, daß ich dieses Gesetz eben breche. Was mich daran schmerzt, ist die Tatsache, daß Sie ein so netter, sympathischer, verständnisvoller Vorgesetzter waren, daß ich es natürlich vorziehen würde, einem miesen, biestigen Offizier den Schmerz zuzufügen, den ich Ihnen möglicherweise zufüge. Sie haben mich, der ich so wenig die absurden Dienstvorschriften begreife, einige Male vor Bestrafung geschützt, sie haben zu so mancher Torheit, die meine Unteroffiziere und sogar meine Kameraden erregte, verständnisvoll gelächelt, so verständnisvoll, daß ich in Ihnen einen heimlichen Deserteur vermute, und das sollten Sie nun wiederum nicht als Beleidigung, sondern als Schmeichelei verstehen. Ich will mich kurz fassen: *als* Vorgesetzter waren Sie noch besser als mein Meister, aber *was* Sie – oder besser gesagt: die Armee – mir vorsetzte, war einfach unerträglich, es gilt weder dem Essen noch dem Taschengeld, sondern einfach dieser entsetzlichen Tätigkeit, die man ‚die Zeit totschlagen' nennt. Ich will einfach meine Zeit nicht mehr totschlagen, ich will sie zum Leben erwecken – mehr nicht – und auch nicht weniger.

Das einzige Vernünftige, das einzige, was mir Spaß gemacht, war der viertägige Katastropheneinsatz bei den Überschwemmungen in Oberduffendorf: das war wohltuend, mit dem Schlauchboot von Haus zu Haus zu paddeln und den Eingeschlossenen von Oberduffendorf heiße Suppe, Kaffee, Brot und die Bildzeitung zu bringen – da leuchtete so manches Gesicht in Dankbarkeit. Aber ich bitte Sie, Herr Hauptmann, wäre es nicht geradezu makaber oder gar frevelhaft, auf weitere Katastrophen zu warten, um im Wehrdienst einen Sinn zu sehen? In der Hoffnung, daß Sie einige meiner Gedanken verstehen, meine Motive nicht verachten, bin ich mit höflichem Gruß der Ihre."

Aus: Heinrich Böll, „Du fährst zu oft nach Heidelberg und andere Erzählungen", Lamuv Verlag, Bornheim 1979

I. Welchen Anlaß und welche Gründe könnte ein Rekrut haben, seinem Kompaniechef einen Brief zu schreiben? Äußern Sie, was Ihnen dazu einfällt.

HA II. Lesen Sie den Text genau durch und markieren Sie die Hauptgedanken.

III. Wie sieht und charakterisiert der Schreiber
a) seinen Kompaniechef?
b) den Wehrdienst?

IV. Erklären Sie, was mit dem Vergleich Tischler/Soldat gemeint sein kann.

V. Sammeln und diskutieren Sie Motive und Argumente, die junge Leute dazu bringen, den Wehrdienst zu verweigern oder zu desertieren.

VI. Drücken Sie folgende Sätze mit „als" aus:

Beispiele:

a) Er hat großen Erfolg *als Journalist.*
b) Verstehen Sie das bitte nicht *als Kritik*!
c) Sie sollen das nicht *als beleidigend* empfinden.

1. Er ist ein sehr verantwortungsvoller Arzt.
2. Der Tod ihres Mannes war ein Schock für die Frau.
3. Diese Frage ist erledigt. Fassen Sie sie so auf!
4. Wenn man Student ist, hat man ein relativ freies Leben.
5. Ich muß diesen Vorwurf zurückweisen. Er ist unverschämt.
6. Herr Müller ist ein bewundernswerter Mensch.
7. In der Funktion eines Reiseleiters war der Mann unfähig.
8. Verstehen Sie mich richtig. Ich wollte nicht damit drohen!

Winfried Hammann

HV2

Rückkehr – Ein Interview

Sie hören ein Interview mit einem Mann, der aus Deutschland ,,abgehauen" ist, einige Zeit im Ausland gelebt hat und dann wieder zurückgekehrt ist.

I. Hören Sie das Interview und sagen Sie kurz Ihren Eindruck:

1. Ist der Mann froh, daß er wieder zurück ist?
2. Handelt es sich um einen Einzelfall oder geht es anderen Leuten ähnlich?
3. Hatte der Mann ein schlechtes Leben in Deutschland?
4. Teilt der Interviewer die Ansichten des Mannes?
5. Wie finden Sie die Anschauungen des Mannes?

II. Hören Sie das Interview noch einmal und beantworten Sie die folgenden Fragen:

1. Was wollte der Mann mit dem, was er Standortwechsel nennt?
2. Hat er sein Ziel erreicht?
3. Worüber hat er Erfahrungen gewonnen? (Beispiel!)
4. Wie waren seine Lebensverhältnisse in Deutschland?
5. Was stand in der Annonce?
6. Was hat er mit seinen Sachen gemacht?
7. Wußte er, ob er zurückkehren würde?
8. Wie hatte es ein Bekannter von ihm gemacht?
9. Wovor fürchten sich so viele Leute, obwohl auch sie nichts anderes tun?
10. Zu welchen Leuten möchte der Mann nicht gehören?

III. Versuchen Sie, ein Porträt des Mannes zu zeichnen. Wie stellen Sie sich ihn vor? Benutzen Sie Ihre Phantasie und diskutieren Sie Ihre Vorstellung in der Gruppe. Denken Sie an folgende Elemente:

Wie alt mag der Mann sein?
Hat er Familie?
Welchen Beruf übt er aus?
Ist er Großstädter?
Aus welchem Milieu kommt er?

Woher kommt seine Unzufriedenheit?
Hatte er ein konkretes Erlebnis, um abzuhauen?
Warum ist er zurückgekehrt?

IV. Kreuzen Sie an, was die folgenden Ausdrücke bedeuten:

1. einer *vermeintlichen Idylle* im Kopf folgen
   a) ☐ eine falsche romantische Vorstellung
   b) ☐ ein schönes Ideal
   c) ☐ eine unnütze Illusion
2. egal, *zu welchem weltanschaulichen Lager* wir zählen
   a) ☐ wo wir uns auf der Welt befinden
   b) ☐ welche philosophische Überzeugung wir haben
   c) ☐ welchen Teil der Welt wir ansehen
3. alle *Brücken hinter sich abbrechen*
   a) ☐ die Rückkehr unmöglich machen
   b) ☐ sich in Gefahr bringen
   c) ☐ die Vergangenheit zerstören
4. er ist *über das Schlimmste hinweg*
   a) ☐ es ist der schlechteste Weg für ihn
   b) ☐ das Schlimmste ist vorbei
   c) ☐ die Schwierigkeiten sind zu Ende
5. einen *Weg aus der Sackgasse* suchen
   a) ☐ Weg zurück in die Vergangenheit
   b) ☐ eine Alternative
   c) ☐ eine mögliche Lösung

V. Substantivierte Verben, mit oder ohne die neutralen Artikel „das"/„ein"

a) Es nützt keinem *zu protestieren.*
   = *(Das) Protestieren* nützt keinem.
b) Alle haben *davor* Angst *zu protestieren.*
   = Alle haben *vor dem Protestieren* Angst.

1. Es ist keine Lösung *davonzulaufen.*
2. Es ist keinem *damit* geholfen *abzuhauen.*
3. Es bringt die Sache nicht weiter *zu diskutieren.*
4. Es genügt nicht *herumzuprobieren.*
5. Die anderen kümmern sich *darum aufzuräumen.*
6. Wir sind *dafür* verantwortlich, die Regeln *einzuhalten.*
7. Das Gemüse muß *davor* geschützt werden *zu verderben.*
8. Ich warte *darauf,* daß die Post *eintrifft.*
9. Sie fürchten sich *davor*, ihre Fehler *einzugestehen.*